Paul SOLEILHAC

# Le Grand Levier

## OU
## DE LA PRESSE

et de son influence politique et sociale à notre époque

AVEC PRÉFACE DE

## M. Edouard DRUMONT

directeur de la *Libre Parole*, ancien député d'Alger

Prix : 1 fr. 25

« Considérez les honneurs comme rien, les places comme rien, la popularité comme rien, l'argent comme rien. Avec la presse, vous aurez le reste, tout le reste »

*Le Juif Crémieux à ses coreligionnaires.*

PARIS
**LIBRAIRIE BLÉRIOT**
HENRI GAUTIER, SUCCESSEUR
55, QUAI DES GRANDS-AUGUSTINS, 55
1906

# LE GRAND LEVIER

Paul SOLEILHAC

# Le Grand Levier

## OU
## DE LA PRESSE

et de son influence politique et sociale à notre époque

AVEC PRÉFACE DE

## M. Edouard DRUMONT

directeur de la *Libre Parole*, ancien député d'Alger

Prix : 1 fr. 25

« Considérez les honneurs comme rien les places comme rien, la popularité comme rien, l'argent comme rien. Avec la presse, vous aurez le reste, tout le reste »

*Le Juif Crémieux à ses coreligionnaires.*

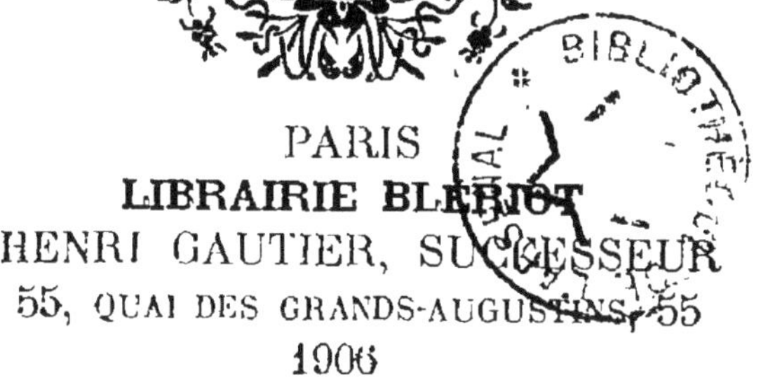

PARIS
**LIBRAIRIE BLÉRIOT**
HENRI GAUTIER, SUCCESSEUR
55, QUAI DES GRANDS-AUGUSTINS, 55
1906

# Préface

Je viens de lire les bonnes pages de votre livre, et c'est de grand cœur que je vous envoie les quelques lignes de préface que vous· me faites l'honneur de me demander.

Cette question de la propagande des idées saines par la diffusion de la presse libérale et patriote est, à mon avis, la question capitale de notre temps, celle qui domine toutes les autres, celle à laquelle toutes les autres sont subordonnées.

Je ne suis pas le seul à penser ainsi.

Dans les dernières années de sa vie, mon illustre confrère et très cher ami Paul de Cassagnac a écrit sur ce sujet ses articles peut-être les plus éloquents, les plus lumineux de bon sens et de vérité. Un grand nombre d'autres écrivains ont consacré à l'importance du rôle de la presse dans la société moderne des pages qui auraient dû porter la conviction dans tous les esprits. Je me contenterai de rappeler ici les prophétiques avertissements adressés au monde catholique et conservateur par notre ami Jules Delafosse :

« *Comment les honnêtes gens pourraient-ils se sauver ? Par un combat méthodique et suivi*, dont le journal sera l'instrument. *Il n'existe, à l'heure qu'il est, d'autre voie de salut que la diffusion des journaux qui sont* l'antidote du virus révolutionnaire, *car tout le reste appartient à l'ennemi.*

« *On a dit souvent que, si les congrégations avaient su employer à leur défense les centaines de millions qu'elles ont si témérairement dépensés en bâtisses inutiles, aucune d'elles n'eût été touchée. On peut affirmer avec autant de raison que si les riches qui sont, pour trois ou quatre ans encore, les arbitres de leur sort ou du sort même de la France par la seule puissance de l'argent, consentaient à sacrifier à la défense sociale un peu de leur revenu, il auraient vite fait d'abattre le monstre qui s'apprête à les dévorer.* »

Ces réflexions ne sont pas seulement justes, elles sont d'une logique qui s'impose, d'une évidence qui éblouit.

La faute des catholiques, leur crime, serait-on tenté d'écrire, a été l'abandon dans lequel ils ont toujours laissé la Presse patriote et honnête. C'est là un fait indéniable, indiscutable, qui a eu une influence décisive sur les événement de ces dernières années.

Gœthe a parlé de cette merveilleuse puissance de transformation qu'avait le catholicisme, qui n'est immuable que dans les dogmes. La fondation successive de ces Ordres religieux, qui ont toujours répondu aux nécessités et aux préoccupations du moment, est une démonstration de ce don de rajeunissement, d'adaptation, d'assimilation de tout ce qui était nouveau sans être blâmable en soi. C'est ainsi que les Jésuites, ordre intellectuel et lettré avant tout, ont correspondu au mouvement intellectuel, littéraire et discuteur de la Renaissance.

Il est permis de s'étonner dans ces conditions que les Congrégations n'aient en général rien compris au mouvement journalistique moderne, à cette puissance nouvelle de la Presse qui allait jouer un rôle si considérable dans le monde, exercer une influence si puissante sur le mouvement des idées et des opinions. J'ai toujours été stupéfait de l'indifférence, de l'ignorance, disons le mot, de l'inintelligence dont faisaient preuve, en ces matières, des hommes avisés, informés, très fins même ordinairement.

Cette manifestation de la vie sociale échappe totalement à ceux qui ont une action quelconque sur les conservateurs — et sous ce qualificatif générique de « conservateurs », j'englobe tous les libéraux, tous les patriotes, tous les indépendants, tous ceux en un mot qui ne sont pas enrégimentés dans le Bloc judéo-maçonnique. Ils n'ont jamais compris le sens profond de cette parole de Mgr Ketteler : « *Si Saint Paul revenait de nos jours, il se ferait journaliste...* »

Les hommes de l'opposition qui sont pourtant, sous le rapport intellectuel, presque toujours supérieurs aux sectaires du Bloc, restent à peu près complétement fermés à ces questions de presse, si complexes, dont nos adversaires ont depuis longtemps saisi toute l'importance. Tout ce qui touche aux journaux les laisse indifférents. Ils n'ont pas la moindre idée de ce que coûte un journal, de la somme de labeur' et d'efforts qu'il exige pour être intéressant et bien fait. L'impression, le papier, les articles, les interviews, les correspondances de tous les pays du monde, tout cela, pour eux, a l'a r de pousser sous les choux. Ils voient les ravages affreux qu'exerce sur les consciences l'énorme diffusion de la presse maçonnique et juive, ils constatent que leurs adversaires dépensent des millions pour leurs journaux ; jamais — à part quelques exceptions bien rares — ils n'auraient l'idée de se dire : « Il faudrait pourtant faire quelques sacrifices pour mettre nos journaux en état de lutter contre les journaux du Bloc. »

Cet état d'âme, incompréhensible, je vous l'accorde, mais malheureusement trop réel, suffit à lui seul à expliquer les échecs réitérés de l'opposition.

Au point de vue électoral, la France est à peu près coupée en deux. Aux dernières élections, il suffisait, pour remporter la victoire sur le Bloc, de déplacer 200.000 voix. C'était peu de chose, en somme, pour un parti qui dispose encore d'une notable partie de la fortune nationale. Un sacrifice minime nous aurait épargné le ministère Combes, l'expulsion brutale des Congrégations, la séparation sectaire déjà votée par la Chambre et que le Sénat s'apprête à voter à son tour. . . . .

Cet avertissement portera-t-il ses fruits ? Les braves gens, les libéraux, les bons Français comprendront-ils enfin qu'on aurait pu détacher ces 200.000 voix du Bloc par une diffusion plus grande de ces bons journaux qui sont, selon l'expression de Delafosse, l'« antidote du virus révolutionnaire ? »

Il faut l'espérer, sans trop y compter, et, dans tous les cas, il convient de vous féliciter, mon cher confrère de l'effort que vous tentez pour éclairer nos amis sur l'influence énorme, capitale, dominatrice qu'exercent aujourd'hui ces humbles feuilles de papier imprimé qui ne coûtent qu'un sou, mais qui n'en sont pas moins les principaux véhicules de la pensée et de l'opinion, les instruments tout puissants de la domination politique. . . . .

Edouard DRUMONT.

# LE GRAND LEVIER

## I

### Considérations générales

Je vois d'ici la tête du lecteur grincheux qui n'aime pas qu'on le « rase » et je l'entends s'exclamer : « De la presse ? de son utilité... de son influence... de la nécessité de propager les bons journaux... ? Et patati, et patata... Mais vous retardez, cher monsieur, vous tombez de la lune ! Tout ce que vous pouvez écrire à ce sujet, nous le savons d'avance. Des hommes plus qualifiés que vous — les Drumont, les Piou, les Coppée, les Daudet et quantité d'autres — nous le répètent chaque jour à satiété. Vous prêcherez donc à des convertis ! »

Est-ce bien sûr ?

Dans tous les cas, je ne m'offre pas à vous comme « le monsieur qui a découvert l'Amérique » et j'en crois la Sagesse des Nations affirmant qu' « il n'y a rien de nouveau sous le soleil ».

Mais si je n'arrive pas bon premier et s'il me faut renoncer à l'espoir de vous servir du « neuf » — il ne sera peut-être pas inutile, ni hors de propos de remémorer à des gens trop disposés à les oublier — dussent-ils me traiter de « rabâcheur » — les excellentes choses qui ont été dites ou publiées jusqu'à ce jour sur l'œuvre capitale de la presse.

La vérité que l'on veut faire pénétrer dans les cerveaux est comme le clou, sur lequel on frappe avec vigueur et sans relâche pour l'enfoncer profondément...

Or, il ne semble pas que les éloquentes objurgations des maîtres-écrivains, qui mènent la lutte contre la Juiverie et la Franc-Maçonnerie triomphantes, aient porté leurs fruits et que les catholiques ou les libéraux aient encore compris le rôle primordial, la force irrésistible de la presse dans notre pays, ou du moins qu'ils aient accompli les efforts et les sacrifices nécessaires pour enlever sur ce terrai la prépondérance à leurs adversaires.

Et pourtant — qu'ils le veuillent ou non — la presse apparaît de plus en plus comme le grand levier qui soulève l'opinion et sans lequel toute opposition est fatalement vouée à l'impuissance.

Il ne servirait à rien de s'insurger contre cette réalité tangible et d'imiter ces conservateurs « vieux jeu », qui enveloppent dans une même réprobation « gazettes et gazetiers ».

Bien que l'espèce en soit devenue assez rare, j'ai connu quelques-uns de ces « réactionnaires » fossiles — à l'estime desquels les meilleurs des journaux ne valent rien et qui tiennent les journalistes, sans exception aucune, pour des chenapans bons à être tous mis dans le même sac et jetés à l'eau...

Je perdrais mon temps à vouloir modifier le jugement un peu... absolu qu'ils portent sur notre corporation.

Je ne m'attarderai pas davantage à ouvrir une controverse philosophique sur le point de savoir si la presse est, en soi, une bonne ou une mauvaise chose.

En l'état, ce serait oiseux.

Nous nous trouvons, en effet, en présence de ce fait inéluctable :

Nuisible ou utile, la presse existe. Non seulement elle existe, mais — grâce à son développement inouï — elle s'est érigée en une puissance formidable, qui s'accroît tous les jours et avec laquelle tous les gouvernements, qu'ils soient républicains ou monarchiques, sont obligés de compter.

Donc, arrière les considérations purement spéculatives ! Laissons l'Académie des sciences morales et politiques discuter la question théorique et glorifier ou maudire, suivant le cas, la mémoire de Théophraste Renaudot...

Disons-nous simplement que les mauvais journaux pullulent et qu'à ce poison — dont l'organisme social est infecté — il faut, de toute nécessité, opposer un antidote.

Nous n'aurons pas à le chercher bien loin, puisque le remède découle du même principe que le mal.

Il suffit de faire nôtre la formule célèbre :

*Similia similibus curantur* et de pratiquer une sorte d'homéopathie intellectuelle et morale.

Nous pouvons, en effet, appliquer à la presse le mot d'Esope au sujet de la langue : c'est la meilleure ou la pire des choses.

Tout dépend de l'usage qu'on en fait !

On peut aussi la comparer à la lance d'Achille qui guérissait les blessures qu'elle avait faites...

C'est pour n'avoir pas soupçonné l'avenir et s'être complètement mépris sur la véritable influence de la presse, que les catholiques français sont, à l'heure actuelle, opprimés et spoliés, réduits à la condition d'îlotes par une minorité brutale, audacieuse et sans scrupules.

Qu'ils en soient donc bien persuadés :

De même que la Russie n'aurait pu triompher définitivement du Japon qu'en lui arrachant la domination de la mer — les catholiques ne rentreront en possession de leurs droits et de leurs libertés que le jour où ils auront reconquis l'empire de la... presse, qu'ils ont abandonné presque sans combat à leurs ennemis les plus acharnés...

II

### Un cerveau en papier

Si l'on veut se rendre un compte exact de l'action véritablement effrayante que la presse contemporaine exerce sur l'opinion — il suffit de méditer et de comprendre cette phrase de Drumont :

« *Les Français d'aujourd'hui ont un cerveau
en papier.* »

Sous l'apparence d'une simple boutade, le
grand polémiste antisémite a dit une parole
d'une philosophie et d'une vérité profondes.

Il n'affirme point, en effet, que la substance
cérébrale du « peuple le plus spirituel de la
terre » est remplacée par du chiffon trituré, de la
pâte de bois, de la cellulose ou de l'alfa, traités
par des procédés chimiques.

Ce serait pousser la fantaisie un peu loin.

Drumont a simplement voulu, par une image
saisissante, constater ce fait évident : qu'à l'exception d'une élite excessivement restreinte, les
Français du XXᵉ siècle ne pensent que par le journal dont ils font la pâture quotidienne de leur
esprit.

Oui ! cette feuille — hier encore détritus infor-
me, aujourd'hui noircie de caractères d'imprimerie et qui, ce soir peut-être, retournera dans la
hotte du chiffonnier d'où elle est sortie — cette
feuille dispense ses lecteurs de tout effort intellectuel et leur procure, toutes faites, des idées qu'ils
n'ont plus qu'à s'approprier.

En un mot, elle leur tient lieu de « cerveau »...

Et cela s'explique facilement.

La presse de notre époque ne se borne plus à
la politique intérieure ou extérieure, qui est son
domaine naturel, et aux questions accessoires qui
s'y rattachent. Science, philosophie, histoire, psy-
chologie, religion, théologie même — et surtout !
— pédagogie, métaphysique, etc., etc., elle a tout
envahi.

Les plus vagues « publicistes » se croient aptes, sans études et sans préparation spéciale, à disserter de tout et d'autre chose encore : *de omni re scibili et quibusdam aliis.*

Les problèmes les plus ardus et les plus redoutables — ceux qui touchent, par exemple, à l'origine du monde ou aux fins dernières de l'homme — sont abordés et résolus « en cinq sec » par de « distingués confrères » qui ne doutent de rien et qui traitent un Pascal ou un Bossuet du haut de leur... ignorance.

Il est à remarquer, en effet, que ces docteurs de boulevard — qui jouent les Pic de la Mirandole et posent pour l'omniscience — se montrent d'autant plus tranchants et plus catégoriques, dans leurs affirmations ou leurs négations — qu'ils sont plus incompétents.

Cela n'empêche nullement les neuf dixièmes de nos contemporains d'accepter les opinions de leur journal — si extravagantes, si contraires au bon sens et à la réalité soient-elles — et de se les assimiler sans l'ombre d'une hésitation.

Il est si commode, n'est-ce pas ? de n'avoir pas à raisonner par soi-même et d'acquérir, moyennant cinq centimes, des lumières sur n'importe quel sujet philosophique, littéraire ou scientifique.

C'est un peu le système de la « confection » appliqué à l'ordre intellectuel et l'on pourrait comparer le « quotidien » moderne à l'un de ces immenses bazars, où l'on peut se fournir de n'importe quoi dans les prix doux :

« Les questions financières vous intéressent ?

La valse des milliards vous amuse ? Voyez le rayon des porte-monnaie ! — Monsieur désire des jouets d'enfants ?.... Très bien ! Nous avons le « spectre clérical » plus à la mode que jamais... Les boîtes « d'hommes noirs » ou de « Jésuites en robe courte »... le sabre et le goupillon... la « faction romaine », dernière création de M. Clemenceau.

— Madame préfère les ballons ou les articles en baudruche ?... Voilà justement le stock des discours de M. Jaurès ; le programme coolectivis- te applicable en l'an 4999 et une Salente en minia- ture, construite sur les plans de l'architecte Karl Marx... La maison est aussi très bien fournie en ustensiles de cuisine... On vous recommande sur- tout les casseroles... Voyez le chef de rayon Va- décard... Tout à un sou !... Faites votre choix ! »

Soyons juste !

Il est bien certain que les trois quarts et demi des lecteurs de journaux se trouvent — faute de culture première, de loisir ou de méthode criti- que — dans l'impossibilité absolue d'exercer leur jugement et de se former une opinion person- nelle sur les innombrables questions soumises — chaque jour — à leur appréciation et dont l'étude consciencieuse suffirait à remplir non pas une, mais plusieurs vies humaines.

Il n'appartient qu'à de rares privilégiés de l'in- telligence et de l'instruction de pouvoir — en remontant aux sources, en consultant les ouvra- ges spéciaux publiés sur telle ou telle matière — contrôler et rectifier au besoin les thèses ou hypothèses des journalistes ; en un mot, asseoir leurs convictions sur des bases plus solides qu'un article écrit hâtivement et sans documentation suffisante.

Quant à la masse, au *profanum vulgus*, comme disait Horace — force lui est, s'il écarte les enseignements de l'Eglise, de s'en tenir à la doctrine de hasard, quand ce n'est pas aux calembredaines, des feuilles publiques.

Il est même très suggestif de constater à quel point notre race sceptique et frondeuse — qui se réclame de Voltaire, des Encyclopédistes ou de Renan — est restée crédule dans le fond.

Nos esprits forts, nos libres-penseurs et généralement tous ceux qui ont vu la lumière du « troisième appartement » se gaussent de la Bible et se tiennent les côtes en pensant à l'histoire de Jonas dans le ventre de la baleine. Le catéchisme ne leur paraît bon qu'à « déformer » le cerveau des enfants et ils prennent une crise au seul mot de *Syllabus*.

Mais la plupart d'entre eux n'en croient pas moins aveuglément à toutes les sornettes que débite leur journal favori ; ils ont la superstition de la « chose imprimée » et une *Lanterne* quelconque leur tient lieu d'Evangile. Un congrès de sous-vétérinaires radicaux ou socialistes prend tout de suite à leurs yeux l'importance et l'autorité d'un Concile infaillible — dont les décisions sont autant de dogmes auxquels il faut adhérer, sous peine d'excommunication.

Le plus drôle de l'histoire, c'est que les naïfs qui subissent cette transfusion de pensée, ce « caporalisme » jacobin — se croient des « avancés », des « émancipés » et ne s'aperçoivent pas de l'esclavage intellectuel dans lequel ils sont tenus.

Par un très curieux phénomène d'interversion, ils en arrivent même à s'imaginer, au bout d'un certain temps, que ce sont leurs propres idées que développe leur journal habituel.

Et c'est de très bonne foi qu'ils s'écrient — avec un orgueil ingénu — en lisant quelque article bien tapé : « Tiens ! c'est précisément ce que je disais l'autre jour à Chose... On dirait que ce sacré Tartempion a lu dans ma pensée !... »

On voit, d'après cet exposé trop sommaire, quelle formidable puissance de domination sur les intelligences appartient à la presse et combien il est vrai de dire que : « Les Français d'aujour-hui ont un cerveau en papier »...

III

### Le cerveau à l'œuvre

Après avoir montré comment une feuille de papier imprimée en arrive — par la force même des choses — à tenir lieu de « cerveau » à la plupart de nos contemporains, il me reste à établir, par des faits incontestables et acquis à l'histoire, la réalité de cette main mise de la presse sur les intelligences, les cœurs et les volontés.

Je m'en tiendrai à un exemple unique mais saisissant.

Il me suffira de rechercher, en effet, par quel phénomène et sous quelle influence une nation essentiellement catholique par sa mentalité, par ses traditions quinze fois séculaires, par tout un passé d'une incomparable grandeur ; en un mot, une nation qui s'est glorifiée du titre de « Fille aînée de l'Eglise » est devenue la France anticléricale, qui tolère les plus monstrueux attentats à ses croyances et supporte sans broncher la plus hypocrite et la plus idiote des persécutions religieuses. Mieux encore : la France qui, à chaque consultation électorale, semble encourager ses tyrans momentanés à poursuivre leur besogne impie et criminelle.

Eh bien ! Il faut le proclamer hardiment, parce que c'est l'évidence même : C'est à la mauvaise presse que nous sommes en grande partie redevables de la transformation la plus radicale que notre pays ait subie depuis ses origines.

Ce sont les organes maçonniques et anti-religieux — créés, entretenus et propagés par les plus implacables ennemis de notre race — qui ont amené peu à peu les Français à cet état d'âme (fait de scepticisme, d'indifférence ou de veulerie, chez les uns ; de passion sectaire et d'aveuglement, chez les autres) grâce auquel ont été rendues possible les entreprises odieuses contre la liberté de conscience, dont nous sommes les témoins navrés et impuissants.

Que la France ait été et fût encore, il n'y a pas longtemps, catholique jusqu'aux moëlles — cela ne saurait être contesté.

Sans remonter jusqu'à l'ancien régime — on n'a qu'à se remémorer la grande poussée religieuse et conservatrice qui fut la conséquence des épreuves de l'Année terrible. Comme ces

âmes que le malheur ramène à Dieu — la douloureuse Blessée de 1870 revenait d'instinct aux
principes et aux convictions qui avaient fait sa
grandeur et sa force dans le passé.

L'on peut même affirmer que la troisième République, à ses débuts, honorait la religion et
faisait respecter ses ministres mieux que ne
l'avaient fait pas mal de rois « très chrétiens ».

En moins d'un quart de siècle, l'action incessante et acharnée des journaux qui se disent « libres-penseurs » a modifié la situation de fond en
comble.

A dater du jour où Gambetta eut poussé à
Romans son cri de haine : « Le cléricalisme, voilà
l'ennemi ! », une guerre à mort fut déclarée à
l'Eglise et à la religion catholique.

Car, aujourd'hui tous les voiles sont déchirés et
les formules équivoques ne trompent que les imbéciles.

Il est bien entendu, n'est-ce pas ? qu'à l'heure
actuelle, sous le nom de cléricalisme, c'est l'Eglise
catholique toute entière qu'on attaque, derrière
l'Eglise le Christianisme même, et avec le Christianisme toute foi en Dieu, toute croyance en l'im-
mortalité de l'âme et en une vie future, c'est-à-
dire le principe de tout droit et de toute justice
— en un mot, ces vérités fondamentales qui seules ont tiré l'homme de l'abrutissement, et seules l'empêchent d'y retomber.

En même temps qu'était arrêté le plan de la
vaste conjuration ayant pour but de « déchristianiser » la France — une campagne de dénigrement systématique, de calomnie et de diffamation

était entamée contre le clergé — mensongèrement accusé d'empiéter sur les attributions du pouvoir civil et de vouloir nous doter du « Gouvernement des curés. »

Il faut rendre cette justice à nos adversaires qu'ils ont procédé avec une méthode, une persévérance et une habileté sur lesquelles nous aurions bien dû prendre modèle.

Car — nous le verrons dans une autre partie de cette étude — la défense fut, au commencement tout au moins et malgré de brillantes exceptions, bien inférieure à l'attaque.

La guerre nous prit — comme nos amis les Russes — à peu près complètement au dépourvu, tandis que — depuis les grands quotidiens jusqu'aux plus obscures « feuilles de chou » fondées pour les besoins de la cause — tous les journaux englobés dans l'organisation maçonnique et anticléricale marchaient avec un ensemble parfait, sur la consigne venue des puissances occultes qui étaient à la tête du complot.

Cette action persévérante et acharnée des journaux maçonniques ou libres-penseurs — la plupart stipendiés par la Juiverie, comme nous l'indiquerons plus loin — a porté ses fruits.

Et c'est avec épouvante que l'on mesure la distance parcourue, depuis que les Gambetta, les Jules Ferry, les Paul Bert et autres précurseurs de notre « petit père » ont engagé la France dans la voie funeste au bout de laquelle se trouve la déchéance. La laïcisation de l'enseignement, la loi autorisant le divorce, le service militaire imposé aux séminaristes, la suppression des ordres religieux et l'interdiction d'enseigner frappant tout membre d'une congrégation — en attendant que l'ostracisme s'étende aux prêtres séculiers — et enfin la séparation des Eglises et de l'Etat, telles ont été les étapes successives de cette marche à l'abîme.

Pour que le but des puissances occultes qui veulent « déchristianiser » notre pays soit atteint, il ne reste plus à notre Parlement-Croupion qu'à voter le monopole de l'enseignement.

Rien ne permet de supposer, en effet, que ce peuple de France — dont l'inertie, en face des attentats chaque jour répétés contre sa foi, son honneur et sa liberté, restera un des étonnements de l'Histoire — fera un effort quelconque pour empêcher les nouveaux crimes qui se préparent.

A moins d'un réveil improbable et que nous n'osons plus espérer — tant le mal est profond — il subira sans broncher ce divorce qui eût été pour l'Eglise une libération, s'il eût été consenti « dans la raison et dans la justice », comme le demandait avec quelque ingénuité M. Paul Deschanel, mais qui, dans les conditions où les Bienvenu-Martin présents et futurs se disposent à l'appliquer, n'a d'autre but et ne peut avoir d'autre résultat que de rendre impossible l'exercice d'un culte quelconque et d'abolir toute espèce de religion.

Il est indéniable cependant que — sans être tous pratiquants — les neuf dixièmes des Français restent foncièrement attachés à leurs habitudes religieuses : ils se marient à l'église, font baptiser leurs enfants et appellent un prêtre à leur lit de mort.

D'où vient qu'ils envisagent avec indifférence, ou du moins avec une résignation passive des éventualités prochaines et redoutables, telles que la suppression du budget des cultes, la fermeture des églises et la dispersion du clergé ?

La réponse est bien simple.

La plupart de nos concitoyens sont la proie d'une obsession, qui leur enlève toute clairvoyance et les afflige d'une véritable débilité mentale : c'est l'obsession du « spectre clérical » — « l'homme noir » de Béranger ou le Rodin d'Eugène Suë — que les journaux maçonniques agitent sans paix ni trève devant leurs yeux et auquel — en bons Gaulois naïfs et « gobeurs » — ils ont fini par croire de la même foi que les enfants accordent aux histoires de revenants.

Il serait, en effet, puéril de se le dissimuler : à force de répéter, par ses milliers d'organes, que les « curés » ont soif de domination, et qu'au lieu de se confiner dans leurs églises ou de se renfermer dans les attributions de leur ministère, ils veulent supplanter le pouvoir civil, mener tout le monde à confesse et « faire marcher la France » — la presse antireligieuse a créé un courant formidable contre les gens d'Eglise.

C'est à tel point que des catholiques sincères et convaincus se laissent prendre eux-mêmes à cette distinction perfide entre le cléricalisme et le catholicisme — que nos adversaires ont si habilement exploitée — et qu'ils se fâchent tout rouge lorsqu'on les traite de « cléricaux ».

J'entends encore chaque jour de braves gens qui me tiennent ce langage : « Sans doute, il faut une religion. Un peuple ne peut pas vivre sans cela et le gouvernement a tort de s'attaquer aux croyances. Mais, tout de même, les curés (*sic*) en ont trop fait... Ce sont eux qui ont commencé... — comme le lapin, parbleu ! — S'ils étaient restés à leur place et ne s'étaient pas mêlés de politique, tout cela ne serait pas arrivé ! »

Et — pour mettre leurs actes d'accord avec leurs paroles — ces singuliers catholiques s'en vont déposer un bulletin au nom du candidat qui s'engage à « serrer la vis aux ratichons » et à défendre « les droits de la Société laïque »...

Les choses se sont passées exactement de même pour les malheureuses Congrégations !

Force m'est de le reconnaître, à la honte d'une nation qui croit marcher à la tête de la civilisation : le déni de justice monstrueux et la spoliation inique dont les ordres religieux ont été victimes n'ont pas suscité, en général, l'émotion indignée, ni les protestations violentes auxquelles on aurait pu s'attendre.

Sans doute, je pourrais signaler de réconfortantes exceptions. En certains points de la Bretagne, notamment, la résistance fut admirable. Et — si les exécuteurs des basses-œuvres de Combes avaient trouvé partout devant eux des hommes comme les gars de Ploudaniel ou de Saint-Méen — les malfaiteurs au pouvoir auraient peut-être hésité à poursuivre leur œuvre abominable.

Mais, encore une fois — il faut le dire parce

que c'est la vérité — la masse est restée impas-
sible.

C'est avec une espèce de stupeur hébêtée qu'elle
a assisté au spectacle de ces violations de domicile, de ces expulsions brutales, de ces crocheta-
ges révoltants, qui auraient jadis soulevé les pier-
res du sol !

Comment la France — terre de la chevalerie et
des « redresseurs de torts » — la France, vers
laquelle se tournaient de partout les faibles et
les opprimés, en est-elle arrivée à supporter ces
choses ?

Parce qu'une campagne de presse ininterrom-
pue l'a insensiblement préparée à la loi sur les
Associations et à l'étranglement sans phrases des
ordres religieux.

Depuis vingt-cinq ans, les feuilles anticléricales
impriment tous les jours que la « Congrégation »
est une pieuvre qui enlace le pays de ses tenta-
cules et se gorge de son sang ;

Depuis vingt-cinq ans, elles dénoncent le péril
de la « main-morte » et allument les convoitises
populaires avec de prétendus milliards, qui sont
en train de fondre entre les doigts crochus des
liquidateurs ;

Depuis un quart de siècle, des journalistes sans
bonne foi et sans conscience, accusent les Congrégations de se mettre en révolte contre la loi
et de ne pas payer leurs impôts ; déclament contre les vœux monastiques et représentent les
Couvents comme les repaires où s'abritent les
plus dangereux ennemis de la Société.

Ne vous étonnez donc plus si le peuple — dont

on a farci la cervelle de tous ces mensonges et de toutes ces calomnies — n'a pas bronché en voyant arracher de leurs cellules des infirmes et des octogénaires, dont la vie était une oraison continuelle ; en voyant jeter à la rue, sans asile et sans pain, de pauvres et inoffensives religieuses — que l'on ramasse, de temps à autre, le long des grandes routes, mortes de froid et de misère.

Voilà, prise sur le vif, l'action de la mauvaise presse ; l'œuvre du « cerveau en papier »...

## IV

### La Conquête Sémite

La Presse étant, comme je viens de l'établir, le moule dans lequel se façonne l'opinion, le cerveau sous l'impulsion duquel agit la masse — il en résulte que, dans un pays où le suffrage universel fonctionne sans correctif ni restriction d'aucune sorte ; c'est-à-dire dans un pays courbé sous la loi brutale et absurde du nombre, le pouvoir doit appartenir et appartient effectivement au parti, à la caste ou à la *race* (j'écris le mot à dessein) qui s'est assuré la prédominance dans la Presse ou qui sait le mieux utiliser ce merveilleux instrument de domination.

De cette vérité, aujourd'hui confirmée par les faits, le juif Crémieux avait eu l'intuition.

Bien avant qu'Emile de Girardin eût créé le journal à cinq centimes et opéré ainsi la révolution d'où est issue cette formidable puissance qu'est la Presse — le fondateur de l'*Alliance israé-*

*lite universelle* donnait à ses coreligionnaires cet avertissement pour ainsi dire prophétique — dont les termes devraient être gravés, en traits ineffaçables, dans la mémoire de tous les citoyens qui luttent contre le despotisme actuel :

« **Considérez les honneurs comme rien, les places comme rien, l'argent comme rien. AVEC LA PRESSE, VOUS AUREZ LE RESTE, TOUT LE RESTE.** »

Race de proie, toujours à l'affût de ce qui peut servir ses intérêts et consolider sa domination dans le pays sur lequel elle a jeté son dévolu — les Juifs ont admirablement profité de l'avis que leur donnait un chef clairvoyant.

On commençait à peine — dans le camp traditionnaliste, conservateur ou libéral — à soupçonner l'importance capitale de la propagande exercée par la voie du journal, qu'Israël avait déjà capté les principales sources d'où le flot des idées, grossi par des milliers d'affluents secondaires, se déverse sur la France entière.

Une courte digression est ici nécessaire pour élucider en quelques mots le rôle des Juifs dans les événements de ces trente dernières années et expliquer leur main-mise sur la plupart des organes influents de la presse quotidienne.

Il n'entre évidemment pas dans mon plan de faire un historique de la question juive, ni de retracer les origines et le développement de l'Antisémitisme.

Si Taine nous a montré, en effet, comment s'est opérée la « conquête jacobine » — il suffit d'ouvrir ce livre, en quelque sorte inspiré, qui s'appelle la *France Juive* pour y saisir sur le vif et suivre pas à pas la « conquête sémite ».

Je tiens donc simplement à dire qu'en poussant le cri d'alarme et en dénonçant le « péril juif » — il y a dix-neuf ans — Drumont a fait œuvre, non seulement d'historien averti, de psychologue social, mais de grand citoyen et de « voyant ».

Après la grande et terrible leçon de choses qu'a été pour nous l'Affaire Dreyfus — il n'est permis qu'à des aveugles de contester cette évidence.

Ceux-là même qui, au début, s'affirmaient le plus hostiles à la thèse de l'illustre écrivain de la *Libre Parole* reconnaissent aujourd'hui qu'il est resté au-dessous de la vérité.

Et lorsqu'on voit des poètes glorieux comme François Coppée, des penseurs vigoureux comme Jules Lemaître, Léon Daudet ou Melchior de Vogüé ; des patriotes comme Déroulède ou des savants de l'envergure d'un Jules Soury, reconnaître et proclamer — chacun à sa manière et selon son tempérament particulier — les dangers de l'infiltration juive, il faut bien admettre que l'Antisémitisme n'est pas une doctrine de haine, un « mouvement rétrograde vers la barbarie médiévale », un paradoxe littéraire, encore moins un retour aux guerres de religion, comme l'affirment niaisement les Homais de la Libre-Pensée, porte-paroles d'Israël, mais simplement la réaction de l'instinct national contre l'intrusion d'un élément étranger et dissolvant, qui s'attaque à nos traditions, à nos croyances, à nos libertés, à nos mœurs, à notre richesse ; en un mot à tout

ce qui faisait la grandeur, la force et la cohésion
de notre vieille société française.

Ma conviction là-dessus est formée depuis longtemps et je n'hésite pas à déclarer ici, comme je
l'ai fait, par la plume ou par la parole, chaque
fois que l'occasion m'en a été offerte : la situation
présente est incompréhensible si l'on persiste à
nier l'action d'une puissance occulte, qui mène le
pays par l'intermédiaire des Loges ou des chefs
de groupes, à la Chambre ou au Sénat, et qui
l'oriente au rebours de ses destinées, de sa vocation dans le monde et des conditions mêmes de
son existence.

Oui ! la persécution religieuse, cette guerre
stupide, qui — en plein vingtième siècle — arme
les uns contre les autres les enfants du même
sol et les fait s'épuiser dans cette lutte fratricide.
serait un logogriphe indéchiffrable, sans la révé-
lation faite par Drumont des agissements de la
horde cosmopolite qui s'est abattue — comme
un vol d'oiseaux pillards — sur notre malheureu-
se patrie et qui traite les autochtones, les oppri-
me et les foule aux pieds plus impitoyablement
que ne le firent jamais lés vainqueurs les plus
insolents.

Incapables de rien créer d'utile ou de durable
mais naturellement organisés pour la destruc-
tion, les Sémites — appliquant le fameux : *Divide
ut imperes* — ont eu l'infernale habileté de couper la France en deux au moyen de la question
religieuse agitée sans paix ni trêve.

Et pendant que — trop occupés à leurs sottes
querelles pour s'apercevoir de l'œuvre ténébreuse

poursuivie par le termite juif ; absolument trompés, d'ailleurs, par les journaux à la dévotion d'Israël — les Français naïfs se battaient pour des mots, tous les Rothschild, tous les Ephrussi, tous les Erlanger, tous les Bloch et tous les Kahn vomis par les ghettos d'Outre-Rhin, ayant réussi à détourner d'eux l'attention, « travaillaient » en toute sécurité — opérant de fructueuses razzias financières et réalisant des fortunes monstrueuses par la spéculation, l'agiotage et les coups de Bourse.

Disposant de l'incalculable puissance de l'Or, les Juifs ont pu aisément concentrer dans leurs mains tous les moyens d'influence, à commencer par la Presse, et faire jouer à leur guise tous les ressorts de la vie politique ou sociale.

C'est ainsi que — petit à petit et sans que le bon « Populo » s'en doutât — ils sont devenus les véritables maîtres de la France.

V

### Les Rois de la Presse

Que les Juifs — soit comme propriétaires effectifs, soit comme bailleurs de fonds ou maîtres de la plupart des agences d'information — aient la haute main sur un grand nombre de journaux, cela ne saurait être mis en doute depuis l'exécrable « Affaire ».

Et si la campagne menée en faveur du condamné de l'Ile du 'Diable a causé un mal affreux à notre pays — elle a eu tout au moins cet avantage de l'éclairer sur le véritable péril qui le menace en faisant apparaître à nu l'action, trop souvent insaisissable, d'Israël tout-puissant.

C'est au moyen de la presse, en effet, que les Juifs ont créé une agitation favorable à Dreyfus ; qu'ils ont retourné peu à peu l'opinion qui, au début, était presque unanimement hostile à la revision ; qu'ils ont enfin abouti, sinon à la réhabilitation, du moins à la grâce du triste client de Zola et de M° Labori.

Sous la pluie d'or qui tombait des caisses du fameux « Syndicat » — il se produisit alors une véritable « génération spontanée » de *canards*, qui n'avaient d'autre mission et d'autre raison d'être que de proclamer l'innocence et chanter les vertus du « plus grand martyr du siècle. »

D'autre part — et tant en France qu'à l'Etranger — une foule de journaux convertis au Dreyfusisme par les arguments sonnants de la Ploutocratie juive, faisaient chorus avec les feuilles directement inféodées à la race maudite de Judas.

Et c'est ainsi que l'on a vu se manifester le prodigieux concert de ces milliers d'organes, dispersés dans les cinq parties du monde, publiant tous à la fois le même article — tels des musiciens attaquant le même morceau avec un ensemble impeccable, au coup de baguette du mystérieux chef d'orchestre dont a parlé un jour le socialiste allemand Liebknecht....

J'estime qu'après un exemple aussi concluant, aussi péremptoire, il est bien inutile de s'attarder à une démonstration par le menu et d'entrer dans les détails.

En pareille matière, d'ailleurs, il n'est pas toujours facile d'établir la matérialité des faits. Les Juifs sont trop avisés pour alarmer l'opinion par une mise en vedette, qui affirmerait avec trop de cynisme et de brutalité l'état de domesticité d'une fraction considérable de la presse à leur égard. Ils se gardent, en conséquence, — dans les journaux qui leur appartiennent ou qui suivent leurs inspirations — d'étaler en manchette des noms qui équivaudraient à de véritables enseignes sémites.

Cela seul me dispenserait de fournir la nomenclature des principaux organes à la dévotion d'Israël — besogne qui m'entraînerait trop loin et pourrait donner lieu à des erreurs regrettables.

Aussi bien n'est-il pas nécessaire de descendre du général au particulier.

Quand bien même je devrais faire abstraction des enseignements décisifs qui se dégagent de l'Affaire Dreyfus — la preuve morale de la prépondérance juive, sur le terrain spécial qui nous occupe, peut se déduire avec une clarté suffisante des conditions dans lesquelles fonctionne la presse actuelle, comme aussi de certains faits qui ne peuvent être niés.

Je n'apprendrai rien à ceux de mes lecteurs qui s'intéressent à ces questions en leur disant que — pour fonder un journal quotidien et le faire vivre jusqu'au moment où il pourra voler de ses propres ailes — des capitaux énormes sont nécessaires.

Les organes doctrinaires d'autrefois, — à dix, quinze ou vingt centimes le numéro — se tiraient d'affaire tant bien que mal, grâce à un solide noyau d'abonnements directs, dont le produit entrait intégralement dans leur caisse, sauf une légère déduction pour les frais de poste et d'encaissement.

Mais la création des journaux à un sou et leur diffusion rapide jusque dans les moindres hameaux, favorisée par le développement des chemins de fer et des tramways, ont fait de l'abonné direct le *rara avis* de plus en plus difficile à dénicher.

Or, la vente au numéro — avec les 30 ou 40 % de remise aux intermédiaires, les frais de transport et le *bouillon* (c'est le terme qui sert à désigner les numéros invendus) — ne procure aucun bénéfice aux journaux. Et tant que ceux-ci n'ont pas atteint un tirage qui leur permette d'obtenir un traité d'annonces rémunérateur, ils « mangent de l'argent » suivant la locution vulgaire, et je vous prie de croire qu'ils ont les dents longues...

Or, il est de notoriété publique, à Paris surtout, qu'un grand nombre de « quotidiens » s'impriment à un chiffre tellement dérisoire qu'ils ne tiendraient pas huit jours, s'ils en étaient réduits à leurs seules ressources.

Ce sont les subsides intéressés de la Finance juive qui les font vivre — on peut l'affirmer hardiment, parce que, seules, les immenses fortunes concentrées entre les mains des Rois de l'Or et sans cesse alimentées par la spéculation et les coups de Bourse, peuvent suffire aux dépenses très considérables que nécessite l'entretien de ces feuilles besogneuses.

Un exemple typique, à cet égard, est celui de la *Justice*, l'ancien organe, depuis longtemps disparu, du parti radical et à la tête duquel était M. Clemenceau.

L'existence de ce journal — qui tirait à trois ou quatre mille exemplaires, tout au plus, — était un mystère pour tout le monde. Vinrent les scandales du Panama et l'on apprit que la *Justice* était commanditée par le célèbre aventurier juif Cornélius Herz, dont on n'a pas oublié le rôle dans les événements de l'époque, et qui n'avait pas dépensé moins de plusieurs millions pour la feuille qui servait ses louches combinaisons et ses ténébreux desseins.

S'il est impossible d'établir une liste rigoureusement exacte des journaux qui émargent à la caisse des Rois de l'Or — on peut du moins facilement les reconnaître au respect attendri, à la dévotion admirative avec laquelle ils parlent d'Israël — comme aussi à l'indignation qu'ils manifestent, à tout propos, contre les « Antisémites féroces qui voudraient nous ramener aux jours barbares de l'Inquisition et brûler ces pauvres Hébreux, plus d'un siècle après notre grande, notre sublime Révolution — oui, Monsieur ! — ou du moins les mettre sur la paille, en leur prenant de vive force les milliards dont ils ont si honnêtement... débarrassé les bons « gogos ». »

Des prolétaires ingénus se figurent peut-être que les organes socialistes font exception et repoussent dédaigneusement la manne financière qui les mettrait à la discrétion de la Juiverie...

C'est précisément le contraire qui est vrai et

nulle presse n'est plus servilement courbée sous le joug avilissant de la Ploutocratie sémite que celle du parti de la « Social-Lucullus ».

On a pu le remarquer, en effet : ces farouches ennemis du Capital — qui traitent journellement d'*exploiteurs* les patrons ou les chefs d'entreprise français, dont l'industrie fait vivre des milliers d'ouvriers et dont la fortune (quand elle existe) représente le travail accumulé de plusieurs générations — ne s'attaquent jamais au Capitalisme dans ce qu'il a de plus inique et de plus odieux ; c'est-à-dire à ces monstrueuses fortunes juives, qui se sont uniquement constituées par la spéculation, l'agiotage et les manœuvres de Bourse, sans que leurs possesseurs aient produit quoi que ce soit d'utile ; sans qu'ils aient fourni leur part contributive à la prospérité nationale.

On ne trouvera jamais, par exemple, sous la plume des Jaurès, des Viviani, des Gérault-Richard et autres « évolutionnistes » un mot qui puisse faire de la peine à ces intéressants capitalistes qui se nomment Rothschild, Ephrussi, Erlanger, Cahen et *tutti quanti*.

Il paraît que ceux-là n'ont jamais *exploité* personne et qu'ils ont acquis leurs milliards de la façon la plus irréprochable...

Soyons juste : les socialistes apprivoisés, qui marchent derrière le châtelain de Bessoulet, ne peuvent pas mordre les mains qui leur donnent la pâtée...

Au surplus, deux exemples récents ont prouvé l'existence et la solidité de la chaîne d'or, au moyen de laquelle nos « chambardeurs » patentés,

apôtres du Collectivisme intégral et futurs réno-
vateurs de la Société, sont tenus en laisse par les
hauts barons de la Finance cosmopolite.

Nous avons eu d'abord l'affaire de l'ex-abbé
Charbonnel, expulsé de l'*Action* par son co-direc-
teur, M. Henry Bérenger, dans des circonstances
que je n'ai pas à rappeler ici.

Tout ce qu'il importe de retenir pour ma thèse
des révélations scandaleuses qui se sont produi-
tes à cette occasion, c'est qu'une feuille soi-disant
socialiste et fondée pour soutenir les revendica-
tions du prolétariat était, en réalité, l'humble vassale des coulissiers juifs, qui l'utilisaient au
mieux de leurs « bedides gombinaisons » et notamment pour mener campagne contre le monopole des agents de change.

Le défroqué Charbonnel a établi, en effet —
sans dénégation possible de ses anciens amis —
que les articles parus dans l'*Action* au sujet du
monopole émanaient d'un coulissier isralélite nommé Zadock, et que le sénateur Delpech, l'un des
grands pontifes de la Franc-Maçonnerie, se con-
tentait de les endosser, moyennant la somme ron-
delette de cinq cents francs par mois.

Le deuxième fait que j'ai à citer est encore plus
significatif.

Il s'agit de la fondation récente de l'*Humanité*,
l'organe socialiste que dirige M. Jaurès.

Les trois quarts des actionnaires de cette feuille ne sont autres que des banquiers ou des bras-
seurs d'affaires porteurs de noms hébraïques,
ainsi que cela résulte de l'acte même de société.

Israël estime sans doute qu'après avoir impu-

nément bouleversé la France par l'Affaire Dreyfus, décapité notre armée et détruit notre marine,
il n'a plus à se gêner et que le moment est venu
d'affirmer sa domination au grand jour.

Que l'on saisisse bien, en effet, toute la portée
de ce rapprochement :

M. Jaurès, qui fut, deux années durant, le chef
incontesté du socialisme parlementaire, en même
temps que le directeur effectif de la majorité et
du gouvernement, puisque M. Combes ne faisait
rien sans le consulter et n'osait même pas... sou-
pirer sans sa permission — M. Jaurès est l'hom-
me-lige des Juifs, dont les capitaux lui ont permis de créer son journal et de le faire vivre ! !

Voilà qui éclaire la situation mieux que ne le
feraient cinquante articles sur l'omnipotence des
fils de Sem...

VI

### Les Agences d'Information et de Publicité

La partie de cette étude consacrée à la prépondérance des Juifs dans la Presse ne serait pas
complète, si je ne disais pas un mot des moyens
indirects grâce auxquels les Sémites étendent
leur action et font pénétrer leur influence dans
les sphères où l'idée ne viendrait à personne de
les soupçonner.

Propriétaires ou commanditaires d'un grand
nombre de journaux — entièrement rédigés selon leurs vues et leurs inspirations — ils se sont
arrangés, en outre, pour avoir un pied dans beau-

coup de ceux qui ne leur appartiennent pas, au moyen de combinaisons financières qui, le jour venu, mettent ces organes à leur entière discrétion.

Mais le plus sûr instrument dont la Juiverie dispose pour faire marcher à son insu la presse indépendante, c'est l'Agence d'Information.

Nous avons vu précédemment que la création et le lancement d'un « quotidien » exigent une mise de fonds très considérable.

Mais c'est bien autre chose quand il s'agit d'organiser une agence dont la mission est de fournir, le plus rapidement possible, à ses abonnés, les nouvelles du monde entier.

Et c'est par millions que se chiffrent les capitaux nécessités par l'établissement de fils télégraphiques ou téléphoniques et de câbles spéciaux ; par l'installation de bureaux ou de succursales dans toutes les villes importantes et l'entretien de correspondants sur tous les points du globe.

Ici encore leurs énormes fortunes donnent aux Sémites une incontestable supériorité en ce qu'elles leur permettent d'opérer pour ainsi dire à coup sûr — c'est-à-dire de ne négliger aucun élément de réussite et d'outiller les officines créées par eux de façon à décourager toute concurrence.

Aussi, peut-on dire que les Juifs ont monopolisé le service d'information et que toutes les agences un peu importantes de l'univers sont entre leurs mains.

A cet égard aussi, l'Affaire Dreyfus nous a montré de quoi Israël est capable et de quel moyen d'action tout puissant il s'est pourvu, en constituant ce réseau de lignes aériennes ou sous-marines qui enserre tout le globe.

C'est, en effet, par le canal de l'Agence d'Information que les congénères de Reinach et de Dreyfus impriment à la presse les « mouvements d'opinion » concertés dans les Synagogues et dans les Loges.

Et cela « prend » d'autant mieux que l'Agence ne « prêche » pas et feint de se confiner dans une hypocrite et trompeuse neutralité.

En d'autres termes, elle n'affiche ostensiblement aucune opinion et ne professe aucune doctrine, mais se borne à faire courir des bruits tendancieux, à lancer des nouvelles et à relater les événements du jour après les avoir arrangés au goût de ses inspirateurs.

Si l'on considère que l'Agence juive ou judaïsante a pour clients — non seulement les feuilles qui sont inféodées à la Synagogue — mais les journaux d'opposition eux-mêmes, parmi lesquels un très grand nombre d'organes catholiques, on comprend de quel redoutable et dangereux engin de propagande nos maîtres disposent pour égarer le pays.

— Mais, objectera-t-on, pourquoi les journaux indépendants s'abonnent-ils à ces agences ?

— Pour une raison bien simple : c'est qu'ils n'en trouvent pas d'autres qui soient organisées de façon à lutter victorieusement contre les maisons juives, au point de vue de la promptitude et de l'abondance des informations.

Et comme — par ce temps de vie surchauffée

et d'existence à la vapeur — le public veut être renseigné très rapidement, quitte à être trompé, il faut en passer par ses exigences et lui servir les nouvelles qu'Israël veut bien transmettre aux journaux par l'intermédiaire de ses agences.

— Du moins, ajoutera un lecteur bénévole, les bons journaux mettent en quarantaine les informations suspectes ?

Hélas non ! quatre-vingt-dix-neuf fois sur cent, les « bons journaux » — sauf de rares exceptions — publient leur « dernière heure » telle qu'ils la reçoivent, précisément parce que c'est une *dernière heure*, parce qu'il faudrait télégraphier ou téléphoner pour s'éclairer, que le tirage et le courrier n'attendent pas et qu'il ne faut pas manquer ses départs, si l'on ne veut pas perdre ses abonnés.

Quatre-vingt-dix-neuf fois sur cent, je le répète, ce que transmet l'agence est inséré *tel quel* : c'est la carte forcée.

N'est-il pas étrange, en vérité, que les journaux indépendants et libéraux en soient réduits à confier le soin de les informer à des agences qui dénaturent les faits, faussent les événements, trompent indignement le public ? N'est-il pas stupéfiant, j'allais dire scandaleux, que les Juifs et le Gouvernement puissent se servir des colonnes mêmes de nos journaux pour influencer l'opinion, en vue de projets qui ne visent à rien moins qu'à détruire la religion, le patriotisme et la société elle-même ?

Et ce n'est pas tout !

A côté de l'Agence d'information — souvent

même ne formant qu'une des branches d'une entreprise unique — fonctionne l'Agence de publicité commerciale, industrielle ou financière.

De celle-là aussi les organes catholiques et libéraux sont les tributaires forcés.

Vous me direz que ces journaux peuvent traiter directement avec les clients.

Eh ! sans doute ! Ils ne demanderaient pas mieux que d'éviter l'intermédiaire onéreux des Agences, qui prélèvent des courtages parfois exorbitants sur les annonces qu'elles transmettent.

Mais ce sont généralement les clients eux-mêmes qui — ayant à faire de la publicité dans un certain nombre de périodiques et ne voulant pas assumer l'embarras de passer des traités avec chacun d'eux — trouvent plus simple de recourir aux agences, qui sont pour la plupart entre les mains de sociétés où dominent les capitaux juifs.

Il en résulte une nouvelle restriction à l'indépendance des organes d'opposition — qui ne sont pas libres d'insérer tout ce qu'ils veulent sur certaines questions, sous peine de se voir mettre à l'index par les officines de publicité qui « brassent » le plus d'affaires.

Ceci vous explique le silence gêné que gardent encore un trop grand nombre de feuilles catholiques ou libérales sur tout ce qui concerne les accaparements de la Juiverie, les scandales de Bourse et l'insolente domination des Rois de l'Or.

Cela nous aide aussi à comprendre l'influence néfaste de certains « bulletins financiers », rédigés dans l'unique but de tromper le public et que des journaux très honnêtes, en qui leurs lecteurs ont toute confiance, insèrent de bonne foi, sans se douter qu'ils font le jeu de la Haute-Banque cosmopolite ou de la Coulisse Juive, et contribuent ainsi à rendre possibles des catastrophes comme celle du Panama, dont l'épargne française a conservé un si cuisant souvenir...

## VII

### La Franc-Maçonnerie et la Presse

Avant que Drumont et les événements eux-mêmes de ces dernières années eussent projeté des faisceaux d'éblouissante lumière sur les agissements et l'effroyable faculté d'accaparement de la race qui a produit Judas et Dreyfus — ce que je viens d'exposer, concernant la prépondérance d'Israël dans la presse, n'était connu que d'un petit nombre d'hommes à l'esprit investigateur, ne limitant pas leurs recherches à d'illusoires apparences et scrutant — à la clarté des faits — tous les dessous politiques ou sociaux de leur temps.

En province notamment, on ignorait tout du travail mystérieux que les Sémites accomplissaient au moyen de la presse, et pour lequel ils utilisaient une multitude de feuilles représentant toutes les nuances de l'opinion républicaine ; s'étiquetant opportunistes, radicales, socialistes — mais, en réalité, concourant toutes à un but unique et ignoré d'elles : l'établissement et la consolidation de la Puissance juive dans notre infortuné pays.

Cette ignorance à peu près générale tenait à ce que les Juifs avaient eu la suprême habileté de ne pas opérer eux-mêmes et de faire agir à leur place la Franc-Maçonnerie.

J'énonce une vérité presque banale aujourd'hui, en affirmant que la Congrégation occulte et malfaisante des Chevaliers de la Truelle est l'alliée, ou plutôt l'humble vassale des Juifs, qui la dominent complètement et l'emploient aux besognes qu'il leur répugne de faire directement, à raison de l'odieux qui en rejaillirait sur eux.

Il serait trop long et d'ailleurs hors de propos d'entreprendre ici la démonstration de cette vérité : c'est-à-dire de rechercher par quels liens secrets, par quelle solidarité de crimes peut-être, la Franc-Maçonnerie est étroitement unie à la race de Sem.

Il me faudrait, pour cela, remonter jusqu'aux origines de la secte, que tout — son rituel, sa terminologie hébraïque, son culte grotesque pour le nommé Hiram — autorise à croire issue des ténèbres propices du ghetto ou de la synagogue.

Il me suffira — pour le but que je me propose — d'appeler l'attention de mes lecteurs sur un rapprochement qui a toute la valeur d'une preuve irréfragable.

Je veux parler de la disproportion absolument criante que tout le monde peut constater entre l'influence énorme, exorbitante, que la Franc-Maçonnerie exerce sur la marche des affaires, et la faible importance numérique, l'infime valeur morale ou intellectuelle de ceux qui la composent.

Voilà une association qui, de son propre aveu, ne compte pas plus de vingt-cinq ou trente mille adhérents, dans la France entière, et qui n'a jamais eu à sa tête que des personnalités sans relief, des médiocrités lamentables, comme les Blatin, les Delpech et les Desmons, ou de grotesques nullités comme le député Lafferre, l'actuel président du Grand-Orient !

Cette association — d'ailleurs illégale au premier chef — n'en est pas moins toute puissante chez nous, depuis vingt-cinq ans. Elle est représentée au Parlement par trois ou quatre cents députés ou sénateurs auxquels « l'Acacia est connu ». Et, dans les nombreux ministères qui se sont succédé au pouvoir, les Fils de la Veuve ont toujours été en majorité.

En outre, c'est aujourd'hui le « secret de Polichinelle » que toutes les « lois scélérates », promulguées au cours de ces vingt dernières années, avaient été au préalable étudiées par les Convents annuels, qui en ont imposé le vote à des majorités que la Franc-Maçonnerie tenait sous sa férule. De telle sorte que l'œuvre législative de la troisième République n'a guère été que la copie servile, l'exécution d'un plan élaboré de longue main dans les arrière-Loges.

Comment expliquer, encore une fois, que la Franc-Maçonnerie ait pu devenir en quelque sorte le gouvernement effectif, qui impose sa volonté aux détenteurs apparents du pouvoir ?

Comment une secte composée d'une majorité

d'imbéciles, menés par une poignée d'intrigants, de coquins et d'arrivistes, a-t-elle pu courber ce noble et généreux pays de France sous la domination la plus abjecte qu'il ait jamais connue, celle des espions et des mouchards ?

On ne trouvera pas de réponse satisfaisante à ces questions, si l'on n'admet pas que là Franc-Maçonnerie n'est qu'un paravent, un décor de façade — masquant la puissance réelle et formidable qui dirige tout : la Juiverie.

Oui, on ne le répétera jamais assez. Il n'y a pas d'autre explication à la prédominance de la méprisable confrérie des Francs-Mouchards et à sa main mise sur toutes les fonctions publiques.

Les Blatin, les Delpech, les Desmons, les Lafferre, les Brisson ou les Combes eux-mêmes, ne sont que des pantins dont les barons d'Israël tirent les ficelles.

Si bien que — parodiant le mot d'un ancien ministre de l'agriculture, le F∴ Gadaud, si j'ai bonne mémoire — on pourrait dire que « la Franc-Maçonnerie, c'est la Juiverie à couvert »...

Ce préambule était nécessaire pour l'intelligence et la clarté de ce qui va suivre.

Il aidera mes lecteurs à comprendre la situation où nous nous débattons depuis vingt-cinq ans et à discerner les véritables motifs de l'état d'infériorité lamentable où se trouvent les catholiques et les libéraux, en ce qui concerne la presse.

C'est parce qu'elle était *éclairée*, conseillée, dirigée par les coreligionnaires du Crémieux qui avait dit : « *Avec la presse vous aurez tout le reste* », que la franc-maçonnerie a vu tout de suite quel irrésistible levier, quel instrument de domination pouvait devenir la presse entre ses mains, et qu'elle a porté son effort de ce côté — alors que les conservateurs, ahuris et démoralisés par la débâcle du Seize mai, laissaient disparaître l'un après l'autre ou végéter misérablement tous leurs journaux.

Il faut rendre cette justice aux disciples d'Hiram — stylés par Israël, ne l'oublions pas ! — qu'ils surent admirablement profiter de l'incurie, de l'aveuglement, de l'indifférence ou même de l'hostilité du plus grand nombre des conservateurs à l'égard de la presse.

Sans perdre une heure, ils s'établirent solidement sur le terrain qui leur était bénévolement abandonné ou qui, du moins, ne leur était que mollement disputé.

Ils se hâtèrent de créer — dans tous les centres importants de la province qui en étaient dépourvus — de grands organes quotidiens, rayonnant sur une région déterminée.

Les journaux déjà existants furent transformés conformément aux exigences nouvelles du public et aux nécessités de l'action politique à exercer.

Des services d'information rapide furent organisés et — pour intéresser le public rural, qui lisait peu ou pas du tout, il y a vingt-cinq ans — une large place fut faite à la chronique départementale.

Dans chaque commune, la feuille opportuniste, radicale ou socialiste, suivant le cas, eut un correspondant chargé de relater les moindres événements de la vie journalière et de les commenter, à l'occasion, de manière tendancieuse.

Pour ce genre de collaboration, les organes de la Franc-Maçonnerie trouvèrent des auxiliaires précieux et faciles à dresser dans le corps pédagogique.

Jetés pour ainsi dire de force dans la mêlée des partis par la loi néfaste qui les soustrait à l'autorité de leurs chefs naturels, les inspecteurs d'Académie, pour les mettre à la discrétion des préfets, un trop grand nombre d'instituteurs — pour ne pas dire la plupart — acceptèrent avec empressement de seconder la secte malfaisante dans son œuvre de presse.

Enflés de leur demi-science, aspirant à sortir de leur modeste sphère et à jouer un rôle sur la scène politique, tout glorieux de voir leur prose souvent incorrecte recevoir les honneurs de la publicité, — les « primaires » se firent les propagateurs zélés des feuilles maçonniques et furent, pour la plupart d'entre elles, les véritables ouvriers du succès.

C'est grâce à eux, on peut le dire, et à leur apostolat mal compris, que ces feuilles malsaines, véhicules du poison anticlérical, inondèrent peu à peu les campagnes, pénétrant jusque dans les hameaux les plus reculés, au fur et à mesure que se poursuivait l'œuvre de la laïcisation, et semant partout ces germes de discorde, d'incrédulité, de révolte et de corruption qui ont fait lever la belle moisson que la France récolte actuellement, sous forme de lois odieuses, de scandales et d'ignominies de toute sorte...

Il m'est impossible, comme bien l'on pense, d'énumérer ici les innombrables journaux au moyen dequels la secte judéo-maçonnique avait enserré la France d'un réseau aux mailles serrées.

Il me suffira de citer quelques prototypes comme : la *Dépêche*, à Toulouse ; le *Progrès*, à Lyon ; le *Petit Provençal* ou le *Radical*, à Marseille ; le *Petit Méridional*, à Montpellier ; la *Gironde* et la *Petite Gironde*, à Bordeaux ; le *Phare de la Loire*, à Nantes ; le *Progrès* et le *Réveil du Nord*, à Lille ; le *Petit Dauphinois*, à Grenoble ; le *Stéphanois*, à Saint-Etienne, etc.

Je montrerai, en un chapitre ultérieur — en m'appuyant sur des faits et des chiffres indiscutables — quels redoutables foyers de propagande antireligieuse ou antisociale et d'influence maçonnique sont devenus certains de ces journaux, et de quel poids funeste ils pèsent sur le gouvernement du pays...

Lorsque les Conservateurs et les Catholiques eurent enfin conscience de la faute qu'ils avaient commise et voulurent essayer de la réparer, presque partout ils arrivèrent trop tard.

Ils se trouvaient dans une situation analogue à celle d'une armée qui n'aurait rien fait pour empêcher l'ennemi d'occuper des positions très fortes par elles-mêmes, et qui lui aurait laissé, en outre, le loisir de s'y retrancher de façon à les rendre à peu près inexpugnables.

Si quelques-uns de mes lecteurs étaient tentés

de croire que j'exagère ou que j'obéis à un parti pris de dénigrement — qu'ils me disent s'il leur semble commode, par exemple, de neutraliser l'influence de la *Dépêche*, de Toulouse, dans le Sud-Ouest, ou celle du *Progrès*, dans la région lyonnaise et la vallée du Rhône ! Qu'ils me fassent connaître les résultats des tentatives faites, à diverses reprises, pour « démolir » ces deux « bastilles » maçonniques ou du moins affaiblir leur puissance !...

## VIII

### L'incurie des Catholiques

Tandis que la Franc-Maçonnerie s'organisait puissamment sur le terrain de la presse et se forgeait ainsi la redoutable machine de guerre, dont elle a fait un usage si funeste contre nos droits et nos libertés, quelle était l'attitude des conservateurs et des catholiques ?

Ainsi que je l'ai déjà constaté par ailleurs, la plupart d'entre eux ne se rendirent pas compte, tout d'abord, des conséquences incalculables de la révolution qui s'était opérée, par la création et la vulgarisation du journal à cinq centimes, que la modicité de son prix mettait désormais à la portée des bourses les plus modestes.

Les uns se désintéressèrent purement et simplement de la question ; d'autres accueillirent avec méfiance une innovation qui ne leur disait rien qui vaille et continuèrent à ignorer tous les journaux autres que l'*Union*, la *Gazette de*

*France*, l'*Univers*, le *Clairon*, la *Défense* et autres feuilles doctrinaires, pleines de bonnes intentions et rédigées avec talent, mais qui avaient de moins en moins d'influence sur l'opinion et n'exerçaient aucune action sur les masses populaires.

Quelques-uns même — en petit nombre, c'est vrai — considérant la presse comme une chose mauvaise dans son principe et nuisible dans ses effets, lui demeurèrent nettement hostiles et refusèrent tout concours aux organes de leur parti.

Je me hâte d'ajouter que, dès l'origine, les catholiques intelligents s'effrayèrent de la prodigieuse diffusion des journaux maçonniques et ne furent pas longs à comprendre que le seul moyen d'arrêter les ravages de la mauvaise presse était d'en créer une bonne et de la propager.

Mais — il faut le déclarer hautement — les dirigeants du parti conservateur — hélas ! trop conservateur... de ses deniers — apportèrent trop souvent dans leurs entreprises de ce genre l'esprit timoré, la prudence excessive et l'économie mal comprise qui ont tant de fois rendu stériles leurs plus louables tentatives.

Les efforts qu'ils firent pour enrayer les progrès des journaux maçonniques et antireligieux ne furent pas aussi énergiques, aussi généraux, aussi complets qu'ils auraient dû l'être et que l'exigeaient les circonstances.

Ainsi — pour ne citer qu'un exemple — à Lyon, la deuxième ville de France, le *Nouvelliste*, qui était alors à petit format, fut le seul journal populaire conservateur opposé, durant plusieurs années, au *Progrès*, au *Lyon Républicain* et au *Petit Lyonnais*.

On avouera que c'était tout à fait insuffisant.

Sans doute, des feuilles quotidiennes se fondèrent, à la longue, dans la plupart des grandes villes de province, en concurrence avec les organes des Loges.

Mais le malheureux sort de la *France Libre*, du *Siècle de Lyon*, du *Réveil* et du *Rappel Républicain* — pour m'en tenir à la ville que j'ai choisie comme exemple — nous montre, en premier lieu, que tout n'est pas fait lorsqu'un journal est fondé et que son premier numéro a paru.

Il faut encore, et surtout, le faire vivre et prospérer, c'est-à-dire le recommander, le propager, lui trouver des abonnés, des acheteurs au numéro, de bons dépositaires et des correspondants sur lesquels il puisse compter.

C'est ce que les catholiques et les conservateurs n'ont pas su faire, en général, tout au moins au début. Beaucoup — parmi ceux-là même qui comprenaient l'utilité de la presse — se sont estimés quittes après avoir souscrit un certain nombre d'actions au bon journal et ne se sont plus inquiétés de ce qu'il devenait, sinon pour s'informer s'il y avait des dividendes à toucher.

Certes, je suis heureux de le proclamer ici : il y eut des exceptions à la règle et de très honorables.

Je pourrais nommer tels et tels de mes amis qui ont admirablement compris leur devoir sous ce rapport et qui l'ont accompli avec autant de générosité que de dévouement. Non contents d'avoir fourni leur part des capitaux de première mise, ils servent des abonnements gratuits aux cafetiers, maîtres d'hôtels, coiffeurs, etc. ; informent le journal des faits intéressants de la région ; en un mot, par une action personnelle de tous les jours, ils s'efforcent de répandre le plus possible la bonne presse et de la substituer à celle des Juifs et des Francs-Maçons.

Mais, dans l'ensemble, les conservateurs ont commis la faute de regarder comme une affaire ce qui, avant tout, était une « œuvre ».

Sans doute, on ne saurait faire grief aux Conseils d'administration des organes libéraux ou catholiques d'une gestion économe et habile, qui assure l'existence du journal et en fait une source de profits au lieu d'une charge pour ses actionnaires.

Ceci dit, il me sera permis d'ajouter qu'avant de construire des hôtels somptueux et de distribuer des dividendes de 15 ou de 20 %, certains journaux — qui n'ont pas le succès modeste et prennent volontiers un ton arrogant à l'égard de qui ne s'incline pas devant leur infaillibilité — pourraient consacrer une part de leurs bénéfices énormes à augmenter leur diffusion par une publicité bien comprise ou à réaliser des améliorations matérielles, dont leurs confrères anticléricaux leur ont donné l'exemple depuis longtemps et qui se traduisent, pour ces derniers, par une sensible augmentation de tirage.

Or, il est malheureusement certain que ceux des journaux « bien pensants » qui réalisent de gros bénéfices ne comprennent pas tous leur devoir et ne s'acquittent pas des obligations que leur impose un succès parfois inespéré.

Hypnotisés par le dividende à servir aux actionnaires et préoccupés avant tout de ne pas en diminuer le chiffre, certains d'entre eux — une fois « arrivés » et confortablement installés en des hôtels luxueux — refusent d'engager les dépenses nécessaires pour augmenter leur diffusion et de consentir le moindre sacrifice pour la propagande.

Je peux citer, à cet égard, une anecdote absolument concluante et qui remplirait de stupeur les abonnés ou lecteurs de l'organe visé — si l'intérêt supérieur de notre cause, que je mets bien au-dessus de toute considération mesquine et de toute question de boutique, ne m'imposait le devoir de ne pas le désigner explicitement.

Voici le fait :

En février 1903, un comité d'*Action Libérale* se fondait — un peu sous l'impulsion de celui qui écrit ces lignes — dans une des circonscriptions les plus difficiles et les plus infestées du virus maçonnique de la région. Depuis plus de vingt-cinq ans, les radicaux-socialistes y sont les maîtres incontestés, parce que leurs adversaires n'ont su, jusqu'aux dernières élections législatives, leur opposer que la force... d'inertie.

C'est dire que la tâche du nouveau Comité — auquel des prophètes de malheur ne donnaient pas trois mois d'existence — était ardue. Pour nous la faciliter dans une certaine mesure et attirer à nous les indécis en leur offrant certains avantages matériels — nous fîmes une démarche auprès des journaux modérés et libéraux de la région, en vue d'obtenir une diminution du prix de l'abonnement pour toute personne adhérant à notre organisation.

Sur les cinq « quotidiens » sollicités par notre bureau, quatre firent le meilleur accueil à notre demande et nous accordèrent d'emblée une réduction d'un tiers, sur leur tarif ordinaire. Ils y avaient d'autant plus de mérite qu'ils joignaient, comme on dit, à peine les deux bouts et que, dans l'intervalle, l'un d'eux a cessé de paraître faute de ressources.

Un seul refusa, de la façon la plus nette et la plus catégorique, de faire bénéficier notre Comité de la plus minime faveur — déclarant, avec la superbe dont il est coutumier, que ses services de distribution étaient assurés de manière parfaite et que le concours de notre comité lui était absolument inutile pour sa diffusion.

On l'a deviné : ce journal si bien disposé à seconder nos efforts était le plus riche et le plus puissant de tous ceux auxquels nous nous étions adressés ; le seul qui fût « dans ses meubles » et même dans ses immeubles ; le seul, en un mot, à qui ses ressources permettaient de se montrer généreux sans s'appauvrir.

Mais il me faut citer — pour la complète édification de mes lecteurs — la réponse textuelle que fit M. le Président du Conseil d'administration du journal en question à notre secrétaire général :

« Monsieur — lui dit ce personnage haut sur cravate et tout pénétré de son importance — vous pouvez dire à votre comité qu'il n'a pas à compter sur des conditions différentes de celles que nous faisons à nos lecteurs habituels. **Notre journal est une affaire et non pas une œuvre** (*sic*).... Tenez, Monsieur ! vous êtes avocat !... Si on vous donnait à choisir entre un procès de congrégation, qui ne vous rapporterait à peu près rien, et une affaire de mur mitoyen, avec de gros honoraires en perspective, vous choisiriez le mur mitoyen, n'est-ce pas. ?.... Eh bien ! nous agissons de même et ne tenons pas du tout à vendre notre papier (*resic*), s'il n'en doit résulter pour nous aucun avantage ».

Notre pauvre secrétaire général, en nous rendant compte de sa mission, était encore tout estomaqué d'un pareil langage.

On avouera qu'il y avait de quoi.

Inutile d'ajouter qu'ayant été mêlé directement aux négociations dont je viens de parler, j'ai la preuve formelle de ce que j'avance et que je la tiens — avec témoignages et noms à l'appui — à la disposition de quiconque mettrait en doute la véracité de mon récit.

Il me serait, d'ailleurs, facile de citer d'autres faits, desquels il résulte que les considérations d'intérêt priment toutes les autres pour l'organe mis en cause, ce qui ne l'empêche pas de se proclamer — à tout propos et même hors de propos — le seul dépositaire des vrais principes et de tancer vertement tout homme politique, député, sénateur, abbé démocrate, etc. etc., qui ne croit pas devoir suivre aveuglément ses directions.

Ainsi, dans plusieurs villes où j'ai pu vérifier la chose, cette feuille, si intransigeante en apparence, a pour correspondants des hommes notoirement hostiles à sa politique, mais qui appartiennent à la catégorie de ceux pour lesquels l'argent n'a pas plus d'opinion que d'odeur.

Il est même arrivé parfois que ce correspondant était en même temps celui des feuilles les plus violemment anticléricales de la région.

J'en ai connu un, notamment, qui était devenu légendaire, dans la localité où il opérait. Non content d'avoir monté une véritable agence de fausses nouvelles, dont il approvisionnait les cinq ou six « canards » qui l'avaient accepté comme fournisseur, il ne « ratait » pas une manifestation maçonnique et se faisait remarquer par la vigueur avec laquelle il poussait le cri de « A bas la calotte ! »

Naturellement, ce « publiciste » peu ordinaire était le correspondant du journal qui se vante « d'être une affaire et non pas une œuvre ».

Il ne fallut rien moins que les plaintes réitérées des notabilités libérales de la région et la preuve que le représentant attitré d'un organe « clérical » faisait partie d'une société qui avait pour devise « Ni Dieu, ni maître » — pour que le dit organe se décidât enfin à congédier cet auxiliaire par trop compromettant.

Mais — ceci vous paraîtra un véritable comble — ayant eu, quelque temps après, l'occasion de m'entretenir de ces incidents avec l'inspecteur du journal, celui-ci m'avoua qu'il regrettait d'avoir « cassé les reins » à ce correspondant qui n'avait pas son pareil pour « faire les chiens écrasés ou les feux de cheminée ».

Je crois qu'après celle-là on peut tirer l'échelle !

Des traits de ce genré, que je pourrais multiplier indéfiniment, aideront mes lecteurs à comprendre pourquoi la presse maçonnique tient de beaucoup le haut du pavé, dans la plupart des grandes villes, et pourquoi le tirage de ses organes est, en moyenne, cinq ou six fois plus élevé que celui des journaux les plus répandus de l'opposition.

## IX

### Presse et Enseignement libre

C'est en vain que les Catholiques plaideraient l'ignorance et allègueraient qu'ils n'ont pas été avertis des maux que devait engendrer leur indifférence à l'égard des bons journaux ou leur mollesse à les soutenir et à les propager.

Dès 1877, le vénérable M. Beaudon, président des Conférences de Saint-Vincent de Paul, déclarait que — si les catholiques se désintéressaient de la presse — « les églises seraient fermées, les couvents vidés et toutes leurs œuvres mises en péril ».

Les événements n'ont que trop justifié cette parole de voyant.

A vingt-huit ans de distance, au milieu des ruines qui jonchent le sol de la France catholique, on croit entendre la voix inspirée d'un prophète d'Israël annonçant les calamités qui allaient fondre sur la nation infidèle à son Dieu et à sa vocation. Les désastres que nous prédisait M. Beaudon sont, en effet, ou vont devenir sous peu une navrante réalité :

Non seulement les monastères et les couvents sont vides, mais des hommes de proie s'en sont emparés et les ont vendus aux enchères, tandis que moines et religieuses — brutalement jetés à la rue — s'égrenaient sur tous les chemins de l'exil.

Avec les Congrégations ont disparu un grand nombre d'œuvres catholiques et celles qui ont échappé à la tourmente paraissent vouées à une ruine certaine.

Les églises sont encore ouvertes, c'est vrai ! Mais les Mœrdès se sont « fait la main » en posant les scellés sur toutes les chapelles autres que celles de l'Elysée ou du château de Mme Dreyfus Gonzalès.

Et le gouvernement de ce bon M. Rouvier — en qui de braves gens ont placé leur dernier espoir — a fait voter cette Séparation des Eglises et de l'Etat qui aura pour conséquence inévitable — dans un avenir plus ou moins rapproché — la disparition des paroisses trop pauvres pour subvenir aux frais du culte, permettant ainsi à la Maçonnerie, fidèle exécutrice des plans d'Israël, de parfaire son œuvre de mort, en achevant la déchristianisation de notre malheureux pays.

Toutefois, après avoir signalé, pour en montrer les funestes résultats, la faute — si difficile à réparer aujourd'hui — que commirent les catholiques, en se désintéressant de la presse — l'impartialité et la justice me font un devoir d'ajouter qu'ils ne furent pas sans excuse.

La campagne de laïcisation entreprise par la secte maçonnique, et les lois néfastes qui en furent le corollaire, détournèrent l'attention des conservateurs et des libéraux de la propagande par le bon journal.

En présence du très réel danger que constituait, pour les générations futures et pour l'avenir même de la France, ce qu'on a si justement nommé « l'école sans Dieu » — ils coururent, comme on dit vulgairement, « au plus pressé », employant leur activité et leurs ressources à conjurer le péril qui leur semblait le plus imminent.

En un mot, ils transportèrent la lutte sur le terrain de l'enseignement et lui sacrifièrent tout.

Certes, je ne peux ici que rendre hommage — bien que leur vue ait été un peu courte — aux intentions très louables de ceux qui prirent la tête du mouvement, comme aussi au dévouement et à la générosité dont les catholiques firent preuve, en cette occurrence.

L'élan fut véritablement admirable. En quelques années, l'enseignement libre fut à même de lutter victorieusement contre celui de l'Etat et, d'un bout à l'autre de la France, s'élevèrent — en face des « palais scolaires », qui ont si lourdement grevé les finances publiques — des milliers d'écoles plus modestes, mais qui ne coûtèrent rien aux contribuables et où les enfants du peuple continuèrent à recevoir l'instruction religieuse, déclarée indigne de figurer dans les programmes officiels.

Encore une fois, ce fut une floraison magnifique et on ne louera jamais assez le zèle, l'abnégation et la persévérance des catholiques à cet égard.

Mais leur erreur fut de croire que l'œuvre — essentielle, je l'accorde volontiers — de l'enseignement libre devait primer toutes les autres ou les faire négliger. Ils eurent le tort immense de ne pas comprendre que — dans un pays de suffrage universel, où l'opinion est d'une mobilité extraordinaire — la première chose à faire, la tâche capitale qu'il fallait au moins mener de front avec celle de l'enseignement libre, était d'organiser la bonne presse et de la propager.

En négligeant cette œuvre de première nécessité, en ne la faisant passer qu'en troisième ou quatrième ligne dans leurs préoccupations — les catholiques ont mis, selon l'expression vulgaire, « la charrue avant les bœufs ».

D'avance, ils ont ainsi frappé leurs entreprises de stérilité — ou, du moins, n'en ont pas retiré des fruits en proportion avec l'immensité de leur effort et l'énormité des sommes qu'ils ont dépensées.

Ma thèse semble peut-être hardie, paradoxale même, à beaucoup et scandalisera quelques-uns de ces chrétiens ou de ces chrétiennes admirables, qui ont prodigué sans compter leur temps et leur fortune pour assurer le fonctionnement des écoles libres et qui s'étonnent — un peu naïvement — que les résultats obtenus n'aient pas été meilleurs, au point de vue de la marche générale des idées en France.

Pour peu que l'on y réfléchisse pourtant — la chose s'explique aisément :

L'enfant, que le père de famille a pu confier à des maîtres de son choix et auquel les sacrifices des catholiques ont assuré le bienfait de l'instruction chrétienne, quitte l'école à un âge où les impressions ne sont pas encore bien fortes, ni les convictions bien formées.

Son éducation a besoin d'être complétée. Mais qui assumera ce devoir ? — La famille, me direz-vous : c'est elle qui doit parachever l'œuvre pédagogique.

Sans doute ! — Mais — dans le peuple — cela est pratiquement impossible, soit à raison de la culture insuffisante des parents ; soit à cause des exigences de la terrible « lutte pour la vie », qui éloignent les pères ou les mères de famille de leurs foyers et qui, bien souvent, ne leur permettent même pas de faire coïncider leurs heures de repas avec celles de leurs enfants.

Les œuvres post-scolaires — telles que patronages, cercles, cours du soir, etc., etc. — auraient pu rendre quelques services, à ce point de vue.

Mais, sur ce terrain aussi, les catholiques se sont laissés distancer par leurs adversaires.

Reste la presse, et c'est elle, en effet, qui — par la force des choses est devenue la principale pour ne pas dire l'unique éducatrice des jeunes gens du peuple, ouvriers et même paysans.

L'instruction obligatoire a eu pour conséquence de développer le goût de la lecture dans les classes laborieuses et tout le monde aujourd'hui lit, peu ou prou, son journal.

Eh bien ! qu'un élève des Frères — animé des meilleurs sentiments à sa sortie de l'école — prenne comme pâture quotidienne de son intelligence le contenu d'un *Progrès*, d'une *Lanterne* ou d'une *Raison* quelconque ! Je ne lui donne pas six mois pour rougir de ses anciens maîtres, abandonner ses pratiques religieuses et passer dans l'autre camp.

C'est là une vérité qui est chaque jour démontrée par l'expérience et les catholiques ne doivent pas s'étonner si — n'ayant fait que peu de chose pour compléter par le bon journal l'œuvre seulement ébauchée par l'école — ils trouvent quantité d'anciens élèves des congréganistes au premier rang des hurleurs qui crient : « A bas la calotte ! »

Aussi, qu'est-il advenu ?

C'est que — faute d'une base solide — l'œuvre à laquelle ils s'étaient voués presque exclusivement a été emportée par la première tourmente, tel un édifice bâti sur le sable.

Combes a passé comme un cyclone dévastateur et les écoles libres que nous avions construites à grands frais ont, en grande partie, fermé leurs portes. Celles qui subsistent disparaîtront à leur tour, il n'en faut pas douter, si la France honnête et libérale ne secoue pas d'un vigoureux effort la basse tyrannie qui pèse sur elle.

Les choses auraient tourné autrement, si les catholiques avaient, dès l'origine, consacré à organiser solidement leur presse la moitié ou le quart seulement des sommes affectées à la cons-

truction de ces écoles libres, qu'il leur faut dis-
puter aujourd'hui à la rapacité des liquidateurs...

## X

### La « Croix » et la « Maison de la Bonne Presse »

Bien que je n'aie pas la prétention de traiter
dans ses moindres détails le vaste sujet que j'ai
abordé, cette étude — que sa destination m'obli-
ge à faire succincte et que, pour ce motif, je ne
veux pas surcharger d'une érudition inutile —
contiendrait une lacune injustifiable si, après
avoir critiqué l'indifférence ou l'hostilité d'un
trop grand nombre de braves gens à l'égard des
journaux sans distinction, je ne réservais pas un
chapitre spécial à la *Croix* et à la « Maison de la
Bonne Presse ».

La simple équité et le souci de la vérité exigent,
en effet, que j'acquitte ici une modeste part du
tribut de reconnaissance que doivent les catholiques français aux fondateurs de l'œuvre de presse la plus belle, la mieux organisée, la plus féconde en résultats qui ait été mise, tout au moins
chez nous, au service d'une grande cause et de
nobles idées.

Je veux parler de ces admirables Pères de l'Assomption — à qui la France doit probablement
de n'être pas encore complètement « paganisée »
ou « maçonnisée », ce qui est tout un.

Il y a un quart de siècle environ, un petit grou-
pe de ces religieux, personnellement détachés de
tout, que Waldeck-Rousseau — l'homme aux

plaidoiries de cent mille francs et au-dessus ! — a cru diminuer et flétrir en les appelant « moines ligueurs et moines d'affaires », ayant à leur tête les Pères Picard et Bailly, fondaient — sans autres ressources que leur foi de granit, cette foi qui soulève les montagnes ! et leur confiance inébranlable en la Providence — un journal de format très humble, qui s'intitulait hardiment la *Croix* et qui arborait crânement à sa première page — tel un drapeau — l'image du Crucifié.

La « grande presse » affecta de garder un silence dédaigneux sur ce nouveau confrère.

Seules quelques feuilles maçonniques ou juives — comme la *Lanterne*, que dirigeait alors le trop fameux Eugène Mayer — plaisantèrent, avec l'atticisme spécial dont on a le secret dans les arrière-loges, « l'organe bondieusard » et criblèrent le Moine et ses collaborateurs de leurs plus grossières plaisanteries.

Chez les catholiques, l'accueil fut loin d'être enthousiaste.

Sans parler de ceux qui se montraient hostiles de parti pris à n'importe quels journaux — beaucoup firent grise mine à une feuille qui ne songeait nullement à déguiser son « cléricalisme » et qui « risquait ainsi de compromettre le parti ».

D'aucuns jugèrent même à propos de se scandaliser et critiquèrent vertement — comme irrespectueux et inconvenant — le fait de placer le Christ en vedette, au frontispice du journal, sans se soucier des profanations auxquelles on l'exposait.

Les moines laissèrent dire et la *Croix* fit son

petit bonhomme de chemin. Mon intention n'est
pas de suivre les étapes de sa marche toujours
ascendante, ni de raconter par le menu les vi-
cissitudes qu'elle a traversées.

Je me borne à constater que la « petite feuille
pour sacristains et vieilles filles dévotes », qui
avait fait contre elle, au début, la concentration
des mécréants et du « monde bien pensant », à
de rares exceptions près, et à laquelle on prédisait la chute avec les premiers vents d'automne,
est actuellement l'un des journaux français les
plus complets, les mieux informés et les plus répandus.

Elle a plusieurs éditions quotidiennes ou sup-
pléments, dont le tirage atteint aujourd'hui
250.000. Quant à l'édition hebdomadaire — *Croix
du Dimanche* et *Laboureur* — elle s'imprime au
chiffre énorme de 500.000 (cinq cent mille) exemplaires.

Il existe, en outre — dans plus de cent départements ou arrondissements — des *Croix* locales,
qui ajoutent à ce titre générique le nom soit du
département, soit de la ville, soit de la contrée
où elles sont publiées.

Tout en gardant leur autonomie, au point de
vue de l'administration et de la rédaction, les
*Croix* départementales ou régionales sont étroitement unies à la *Croix*-mère et suivent la même
ligne de conduite politique ou religieuse. (Nous
verrons plus loin quelle force considérable représente cette fédération de journaux s'inspirant
tous de la même idée directrice, agissant de con-

cert et faisant converger leurs efforts vers le même but).

Ce n'est pas tout.

En même temps que la *Croix*, les Pères de l'Assomption édifiaient la « Maison de la Bonne Presse », dont le nom précise suffisamment la destination — qui est de lutter contre le torrent dévastateur de la mauvaise presse et de la littérature corruptrice, par la publication et la diffusion de livres, revues, brochures, tracts, etc. etc., vulgarisant les saines doctrines et les vérités évangéliques ; c'est-à-dire, concourant sous les formes les plus diverses à la tâche que la *Croix* s'était assignée sur le terrain politique : défendre les droits et les libertés de l'Eglise catholique.

L'essor de cette œuvre fut véritablement prodigieux.

L'humble « Maison » d'autrefois est devenue une immense ruche, qui est une merveille d'organisation et qui fait vivre plusieurs centaines de travailleurs des deux sexes, auxquels sont distribués des salaires rémunérateurs, et qui ne parlent jamais de se mettre en grève.

Les ateliers, pourvus d'un outillage perfectionné, peuvent rivaliser avec les mieux installés de Paris et c'est sur des machines réalisant le « dernier cri » de l'industrie moderne que s'imprime le journal fondé par ces religieux, que leurs ennemis représentent comme des partisans de l'obscurantisme, fermés à l'esprit scientifique et réfractaires à tout progrès.

Aussi la Maison de la Bonne Presse est-elle en mesure d'éditer — outre les *Croix* quotidien-

nes ou hebdomadaires — une foule de publica-
tions utiles, récréatives et moralisatrices — telles que le *Cosmos*, le *Pèlerin*, les *Vies des Saints*,
les *Contemporains*, le *Noël*, le *Mois littéraire et
pittoresque*, etc. etc., qui en font le foyer de propagande le plus intense et le plus puissant de
l'idée catholique.

Telle est l'œuvre grandiose accomplie par ces
Assomptionnistes que tout le monde raillait à
l'origine — œuvre que la Juiverie maçonnique,
dont Waldeck-Rousseau était l'instrument docile,
a cru détruire, en faisant prononcer la dissolution de l'ordre des Augustins de l'Assomption par
des magistrats domestiqués, mais que le dévouement et la générosité d'un homme de grand cœur
et de foi ardente, j'ai nommé M. Paul Feron-Vrau,
ont sauvée de la ruine.

On peut se demander par quel miracle de pauvres moines — sans crédit et sans ressources —
ont pu mener à bien une entreprise comme celle
de la *Croix* et lui donner le prodigieux essor que
l'on sait, alors que tant d'autres journaux ont la-
mentablement sombré, malgré les capitaux énormes consacrés à leur lancement.

Il faut le dire bien haut :

La *Croix* et la « Maison de la Bonne Presse »
— que toutes les prévisions vouaient à un échec
certain — n'ont réussi que grâce à l'esprit de foi
et au désintéressement de leurs fondateurs, collaborateurs et propagateurs.

C'est parce qu'au rebours de telles feuilles soi-
disant catholiques — auxquelles j'ai déjà fait al-
lusion — la *Croix* fut, toujours et avant tout,

**une œuvre** et non pas **une affaire,** qu'elle a triomphé de l'hostilité des uns, de l'indifférence des autres et fait sa place au soleil.

Quoi que les Waldeck-Rousseau, les Rabier et autres Mouthon aient pu raconter, pour justifier les iniques poursuites dirigées contre les Assomptionnistes, ces admirables religieux n'ont jamais songé à thésauriser : il est de notoriété publique, au contraire, qu'ils employaient leurs bénéfices à diminuer le prix de vente du journal et à le répandre chaque jour davantage.

Si bien que l'on a vu cette chose invraisemblable, inouïe dans les annales de la Presse : une feuille quotidienne distribuée à domicile moyennant trois ou quatre sous par semaine — tandis que l'édition hebdomadaire *(Croix du Dimanche)* avec son supplément régional et la *Vie des saints* illustrée, ne coûtait que cinq centimes.

Il convient d'ajouter que les initiateurs de la « Bonne Presse » furent admirablement secondés et qu'ils eurent la bonne fortune de rencontrer, chez leurs coopérateurs de tout ordre — et jusque chez de modestes distributeurs — ce zèle, cette abnégation, cet esprit de sacrifice qui ont fait à la *Croix* un piédestal indestructible.

Et je ne puis évoquer ici sans émotion le magnifique exemple de ces jeunes ouvriers ou employés, qui s'intitulaient eux-mêmes les *Chevaliers de la Croix* et qui — après une semaine de rude labeur — passaient leur dimanche à parcourir les campagnes, en distribuant et recommandant partout le bon journal.

C'est avec de tels dévouements que se fonde

une œuvre durable et mes lecteurs ont maintenant le secret du magnifique épanouissement de l'œuvre de la Bonne Presse, instaurée par les Pères Assomptionnistes et si dignement continuée par M. Paul Feron-Vrau.

Est-ce à dire que la perfection ait été atteinte et que la *Croix* soit l'unique journal dont il faille encourager la diffusion et prôner les mérites ?

Telle n'est pas ma pensée, il s'en faut de beaucoup.

Certes, je proclame excellente et féconde en résultats la conception d'une feuille-mère, atteignant comme prix les plus extrêmes limites du bon marché, tout en restant aussi complète que possible, et imprimant à ses filiales, au nombre d'une centaine, une direction identique — tout au moins sur les questions essentielles — de façon à créer dans le pays, à un moment donné, un courant d'opinion irrésistible en faveur de telle réforme désirée par la nation ou contre telle loi mauvaise proposée au Parlement.

Et je propose volontiers ce groupement, cette fédération de journaux ayant une doctrine et un programme communs, adoptant la même tactique et suivant la même ligne de conduite, pour tout ce qui concerne les grands intérêts sociaux ou religieux, comme l'organisation-type sur laquelle toutes les œuvres de presse devraient se modeler.

Il faut reconnaître néanmoins que, dans l'état actuel de l'opinion, la *Croix* est loin de suffire aux besoins de la propagande catholique ou libérale et qu'à la diversité des milieux, des intelligences, des caractères ou des intérêts doit correspondre la variété des journaux — alors même que, poursuivant un idéal commun, ils travaillent au triomphe d'une même cause.

C'est précisément ce qui a fait le succès de la *Croix* dans les régions fortement imprégnées de l'esprit religieux qui lui enlève toute influence et tout moyen d'action sur les masses imbues de préjugés anticléricaux.

Son titre seul l'a rendue suspecte *a priori* dans les trop nombreux départements où la mauvaise presse avait pris les devants.

Aujourd'hui encore — après vingt-cinq ans d'existence — elle se heurte, en beaucoup de points, à des préventions invincibles et à des hostilités irréductibles.

Je connais telles et telles circonscriptions où le plus sûr moyen de « couler » un candidat indépendant est de l'étiqueter « candidat de la *Croix* ».

C'est infiniment regrettable : c'est même idiot, mais c'est comme cela !

Il en résulte, pour les catholiques et les libéraux, la nécessité de recourir à d'autres journaux. Il en existe, au surplus, d'excellents en dehors de la « Maison de la Bonne Presse » et il ne faut regretter qu'une chose : c'est qu'il n'y en ait pas davantage. Aux comités de choisir — parmi les organes qui représentent les diverses nuances de l'opinion libérale — ceux qui s'adaptent le mieux aux goûts, au tempérament et aux opinions des électeurs qui sont dans leur sphère d'action.

Ce que je viens d'exposer n'implique, encore

une fois, nulle critique du programme, du titre
ou de la ligne de conduite adoptés par la *Croix*.
C'est la simple constatation d'un fait matériel,
qui ne doit pas faire oublier les immenses services que la *Croix* et la « Maison de la Bonne
Presse » ont rendus et rendent encore à la cause
catholique.

On peut affirmer, en effet, que si l'esprit chré-
tien s'est maintenu à peu près intact dans certaines régions véritablement privilégiées et que
si la débâcle de l'ancien parti conservateur n'a
pas été plus complète — nous le devons à la
feuille, si humble à l'origine, qui — après avoir
provoqué les haussements d'épaules et les raille-
ries des Jacobins — est devenue aujourd'hui leur
« bête noire », parce qu'ils reconnaissent en elle
une puissance avec laquelle il faut compter.

Un tel résultat n'est pas à dédaigner, il me
semble, et j'estime avoir rempli un devoir de justice en rendant aux Assomptionnistes exilés et
aux continuateurs de leur belle œuvre l'hommage qui leur est dû.

## XI

### Les Journaux locaux

Je me suis occupé exclusivement jusqu'ici de
ce qu'on est convenu d'appeler la « grande
presse ».

Mais il est une autre catégorie de journaux sur
lesquels il importe d'appeler l'attention de mes
lecteurs : je veux parler des feuilles locales, qui

paraissent une, deux ou trois fois par semaine dans les chefs-lieux de département ou d'arrondissement, souvent même dans les chefs-lieux de canton importants ou les villes que leur situation excentrique prive des honneurs administratifs.

Ces organes modestes — loin de faire double emploi avec les « quotidiens », comme certains le croient peut-être — en sont le complément obligé, les auxiliaires indispensables.

La mission qu'ils ont à remplir est, en effet, toute différente de celle qui incombe aux « grands confrères » de Paris ou d'ailleurs.

Aux feuilles quotidiennes il appartient de publier les nouvelles d'intérêt général, de répandre des idées, de discuter les projets de loi, de suivre la politique intérieure ou extérieure du pays dans son ensemble ; en un mot, de former l'opinion des masses sur les questions à l'ordre du jour.

Mais il va de soi que les journaux de la capitale ne peuvent s'astreindre au terre à terre de la « politique de clocher » —corollaire obligatoire du scrutin d'arrondissement — ni suivre le détail des luttes électorales dont chaque circonscription est le théâtre.

Les grands organes de la province eux-mêmes — dont la chronique régionale embrasse dix à douze départements et une moyenne de 50 ou 60 collèges législatifs — ne peuvent le faire que d'une façon très superficielle et très incomplète.

C'est ici qu'apparaît l'utilité — on peut même dire : la nécessité absolue — d'une presse locale qui, fortement organisée, bien rédigée et largement répandue, fournirait aux libéraux un moyen d'action très puissant et capable de contrebalancer, dans certains cas, l'influence de la « presse quotidienne » — et même de la remplacer totalement, dans certaines régions éloignées des grandes artères, où le colportage journalier offre de réelles difficultés et qui, pour ce motif, ont échappé à l'envahissement des *Progrès* ou des *Dépêche* de tout acabit.

Le rôle des petites feuilles locales dont je parle est indiqué par leur dénomination elle-même : il consiste — si je puis ainsi dire sans avoir l'air de formuler une vérité de la Palisse — à faire de la « **politique locale** ».

Si elles se bornent, en effet, à n'être qu'une sorte de *compendium*, d'écho affaibli et retardataire des organes quotidiens, elles perdent à peu près toute leur raison d'être.

On m'objectera peut-être que je définis d'une manière bien vague le programme de la presse locale et qu'il ne serait pas mauvais d'en préciser au moins les grandes lignes.

Rien de plus facile.

Le journal du département, de l'arrondissement ou de la circonscription travaillera d'abord à sa diffusion, en étudiant avec tout le soin qu'ils méritent les intérêts de la région et en s'efforçant, par des articles publiés à propos, de les faire prévaloir.

Il combattra énergiquement et sans merci la presse maçonnique du cru ; réfutera ses erreurs, quand il y aura lieu, et défendra les honnêtes gens contre ses attaques ou ses calomnies.

Il va sans dire qu'un de ses premiers devoirs est de soutenir, en toute occasion, les élus catholiques ou libéraux — sénateurs, députés, conseillers généraux et d'arrondissement, maires et conseillers municipaux — en signalant tout ce qu'ils font d'utile dans l'exercice de leur mandat.

De la défensive, il passera à l'offensive — qui consiste à surveiller les faits et gestes des représentants francs-maçons ou jacobins ; à les suivre pas à pas dans leur vie publique ; à passer au crible d'une impitoyable critique leurs actes et leurs votes ; en un mot, à mener contre eux une campagne incessante, à leur faire perdre le bénéfice de la situation acquise, à miner en quelque sorte le terrain sous leurs pieds, de manière à leur substituer, le moment venu, des mandataires consciencieux et non sectaires. Il y a ausi les potentats de village, les fonctionnaires trop zélés, qu'il faut tenir à l'œil et rappeler à l'ordre — lorsqu'ils commettent des abus de pouvoir et sortent de leurs attributions professionnelles, pour se mêler de politique et faire de la pression électorale.

(Il est bien entendu, par exemple — qu'il s'agisse d'hommes politiques ou de salariés de l'Etat — *que leur vie privée doit être scrupuleusement tenue à l'écart de toute polémique*).

Le rôle des feuilles locales — très important déjà en temps ordinaire — devient prépondérant au cours des périodes électorales, et c'est bien souvent de la vigueur, de l'énergie, de l'entrain et de l'habileté qu'elles apportent dans la lutte que dépend le succès des bons candidats...

On voit — par ce rapide aperçu — combien est vaste le champ réservé à la « petite presse » et quelle besogne considérable incombe aux directeurs ou rédacteurs qui comprennent la hauteur de leur mission et veulent la remplir avec conscience.

Les catholiques et les libéraux ont-ils mieux compris leur devoir envers la presse locale qu'à l'égard de la presse quotidienne, et ont-ils fait le nécessaire pour avoir de bons journaux de département et d'arrondissement, ou pour les soutenir lorsqu'ils existaient ?

Hélas non ! Ils n'ont pas mieux vu, à l'origine, le parti à tirer de la « presse locale » qu'ils n'avaient soupçonné la formidable extension et l'influence prépondérante que devait acquérir la presse quotidienne.

Conséquemment — et sauf de rares exceptions — ils ont négligé un moyen d'action qui, pour être secondaire, n'en est pas moins essentiel.

Ici pourtant la tâche leur était rendue facile par les conditions d'existence des journaux en question, et ils n'auraient pas eu de grands sacrifices d'argent à faire pour organiser partout leur presse départementale de façon à lutter victorieusement, sur ce terrain, avec la Franc-Maçonnerie.

Et d'abord, ils n'avaient pas ou presque pas de journaux à fonder.

On sait, en effet, que chaque arrondissement possède un tribunal civil, devant lequel ont lieu les « formalités » nécessitant des annonces légales ou judiciaires.

Or, comme aurait dit le fameux Darwin,

*« la fonction crée l'organe »* : c'est-à-dire que l'obligation imposée par la loi de publier dans une feuille du département ou de l'arrondissement les procédures de ventes (expropriations, licitations, ventes bénéficiaires, etc.) ; les extraits de demandes ou de jugements de séparation de corps ou de bien et de divorce ; les déclarations de faillite, convocations de créanciers, etc., etc., a provoqué la création, dans chaque ressort, d'une ou plusieurs feuilles, dont la principale — pour ne pas dire la seule — raison d'être est l'insertion des annonces légales ou judiciaires.

La grosse difficulté en matière de presse — qui consiste, non pas à lancer un journal, mais à le faire vivre — était donc supprimée, en ce qui concerne la plupart des journaux de préfecture et de sous-préfecture, auxquels le poduit de leurs annonces permettait, non-seulement de subsister, mais de réaliser des bénéfices.

Il ne restait plus aux catholiques et aux conservateurs qu'à s'assurer la direction politique de ces organes, de façon à les avoir complètement à leur dévotion — ce qui était relativement facile.

Neuf fois sur dix, en effet, les feuilles locales sont la propriété d'imprimeurs qui n'ont pas les loisirs, ou les capacités nécessaires pour les rédiger eux-mêmes.

Qu'arrive-t-il alors ?

C'est que la rédaction est faite, comme on dit, « à coups de ciseaux », aux dépens des « grands confrères » ou bien avec le concours du « bulletin-correspondance » que toute association politique envoie aux journaux qui veulent pratiquer l'échange.

Mais les ciseaux sont un instrument qui demande à être manié avec intelligence — ce qui n'est pas toujours le cas.

Et puis, le moindre défaut des feuilles ainsi confectionnées est de n'avoir, — en dépit des titres ou sous-titres qu'elles arborent — aucun caractère local et de publier des articles « passe-partout » qui peuvent être lus indifféremment à Carcassonne ou à Quimper-Corentin.

Quelle était, dans ces conditions, le rôle à tenir par les catholiques ?

Ils avaient à choisir entre deux solutions :

1° Constituer, partout où cela leur était possible, des « comités de la presse », dont la mission eût été de rechercher et de grouper des collaborateurs de bonne volonté, assurant à titre gratuit la rédaction du journal.

Les hommes de valeur, sachant tenir une plume, n'ont jamais manqué, de notre côté ; seulement on n'a pas su les utiliser.

2° A défaut de cette combinaison, il y en avait une autre plus simple encore, qui consistait à remettre la direction de l'organe local — après entente avec son propriétaire-gérant et moyennant un traitement honorable — à un journaliste professionnel, ayant de l'expérience et surtout des convictions.

Il me semble, en effet, qu'il y aurait eu bien peu d'arrondissements ou de circonscriptions où l'on n'aurait pu réunir, chaque année, les quelques milliers de francs nécessaires pour alimenter le budget de la presse.

Cette deuxième solution avait la supériorité d'être également avantageuse pour les deux parties contractantes.

D'un côté, elle déchargeait l'imprimeur-gérant du souci — parfois bien lourd pour ses épaules — de la direction politique de son journal et assurait à celui-ci de sérieux éléments de succès, grâce à une rédaction qu'il n'avait pas à rémunérer.

De l'autre, elle mettait à la disposition des groupements conservateurs ou libéraux — et cela pour quelques milliers de francs par an — des organes dont ils n'avaient pas la préoccupation d'assurer l'existence matérielle.

A la tête de ces organes — pour peu qu'ils eussent la main heureuse et qu'ils ne fissent pas leur choix sans références sérieuses — ils pouvaient mettre des hommes de dévouement et de talent qui, tout en vaquant à leur besogne professionnelle, auraient pu rendre de précieux services aux Comités, donner des conférences — en un mot, devenir la cheville ouvrière de l'organisation politique dont nous ressentons si cruellement le défaut.

Que firent les catholiques, les conservateurs et les libéraux, en présence des solutions dont nous venons d'exposer brièvement l'économie ?

Je le constate à regret encore une fois : pour s'éviter l'embarras du choix, ils se dispensèrent généralement de choisir — abandonnant la « presse locale » à elle-même et la laissant se tirer d'affaire comme elle pouvait. Conséquemment, un certain nombre de petits journaux portant l'étiquette conservatrice ou libérale disparurent faute de ressources ; les autres restèrent ou devinrent purement et simplement des « feuilles d'annonces », ne s'occupant que très vaguement de politique et ne rendant, par suite, aucun service — tandis que la Franc-Maçonnerie ne manquait pas d'accaparer les journaux similaires, de nuance opportuniste ou radicale, et de les faire servir à sa propagande.

A l'approche des périodes électorales, il est vrai, les chefs conservateurs daignaient se souvenir parfois qu'il existait, au chef-lieu de la circonscription ou de l'arrondissement, un organe qui pouvait leur être de quelque utilité pour mener une campagne *in extremis*, et ils lui adressaient leurs communications ou lui procuraient, pour quelques semaines, un rédacteur d'occasion, ne connaissant d'ailleurs ni les questions locales, ni l'esprit du pays.

Je n'ai pas besoin d'insister sur le peu de résultats que donnait une telle manière de procéder.

Pour qu'un organe quelconque exerce une influence réelle sur les électeurs — il ne suffit pas de s'en occuper et de le distribuer à profusion quelques semaines ou quelques jours avant le scrutin. Cela produit bien souvent l'effet contraire de celui qu'on espérait.

Il faut que cet organe ait été répandu en temps ordinaire ; qu'il ait gagné peu à peu la confiance de ses lecteurs ; en un mot, qu'il soit devenu leur conseiller, leur guide, leur « cerveau de papier ».

Je dois à la vérité d'ajouter que — dans un certain nombre d'arrondissements ou de circonscriptions — les conservateurs, les catholiques ou les libéraux avaient compris la nécessité d'avoir à leur disposition, d'une façon permanente, une feuille locale ayant mission de défendre les intérêts religieux, sociaux et matériels de la région, suivant le programme dont nous avons indiqué les grandes lignes.

Des comités spéciaux s'étaient constitués, ça et là — soit pour fonder un journal à leur compte et l'exploiter directement, soit pour en assumer seulement la direction politique, après entente avec le propriétaire.

Je rends bien volontiers hommage aux hommes clairvoyants et dévoués qui avaient compris leur devoir, en ce qui concerne la presse locale, mais je regrette que ces exemples isolés ne se soient pas généralisés.

Il faut observer, de plus, qu'on a fait bien souvent les choses à moitié et un peu trop regardé à la dépense.

Je citerai, à cet égard — et pris entre cent autres — un fait absolument typique :

Dans une ville du Sud-Est — qui sert de chef-lieu à une circonscription très catholique et passe à juste titre pour l'une des plus riches de France, eu égard au chiffre de sa population — existait un journal, s'éditant aux risques et périls de l'imprimeur qui en avait la propriété matérielle, mais dont les frais de rédaction étaient à la charge d'un Comité de presse, qui s'en était réservé la direction politique.

Grâce à cette combinaison — qui est précisément celle que je recommandais tout à l'heure comme la plus avantageuse pour les deux parties en cause — cet organe local avait rapidement prospéré et son tirage important lui assurait une réelle influence au point de vue électoral.

Dans le courant de l'année 189..., le rédacteur alors en exercice ayant résigné ses fonctions — le Comité hésita d'abord à le remplacer, sous prétexte qu'il n'avait pas toujours eu à se louer des journalistes qui s'étaient succédé à la tête de la feuille en question et qui, trop maigrement rétribués, n'apportaient peut-être pas tout le zèle désirable à l'accomplissement de leur mission.

La plupart de ses membres — heureux de l'occasion qui s'offrait à eux d'économiser les quelques centaines de francs qu'ils souscrivaient annuellement — étaient même d'avis qu'on laissât l'imprimeur se tirer d'affaire comme il pourrait en temps ordinaire, quitte à lui fournir un rédacteur en période électorale.

Ce pis-aller aurait prévalu, si un jeune candidat — ayant la vocation de polémiste et fournissant les meilleures références — n'avait, sur ces entrefaites, sollicité le poste vacant.

Après bien des tergiversations, ce candidat fut agréé « *sur la foi*, lui disait-on, *des renseignements très favorables recueillis sur son compte* ».

Mais — admirez, une fois de plus, la logique et la parcimonie... conservatrices ! — on l'informait en même temps que le Comité profitait de l'occasion pour réaliser une petite économie et que les appointements du nouveau rédacteur seraient inférieurs de trois cents francs à ceux de ses prédécesseurs !

Je n'ose pas en indiquer le chiffre, tellement j'ai peur qu'on le trouve invraisemblable et que l'on m'accuse de le diminuer pour les besoins de la cause. Mais, j'ai eu sous les yeux les lettres échangées à ce sujet et notamment celle qui fixait le traitement à quinze cents francs par an ?

Vous avez bien lu : **Quinze cents francs ?**

Pour cette somme infime, le journaliste dont il s'agit devait, non-seulement fournir un labeur intellectuel considérable, mais encore subir les attaques d'adversaires haineux et sans scrupules ; servir, pour ainsi dire, de plastron aux notabilités politiques du parti conservateur ; en un mot, assumer le fardeau écrasant d'une lutte âpre et difficile entre toutes — dans un pays où les passions étaient aussi vives que les esprits divisés ; dans une circonscription où l'ennemi, redoutable et bien organisé, ne désarmait pas et où, par conséquent, il fallait rester sur la brèche en permanence.

Et savez-vous par qui avait été prise l'initiative de réduire un traitement, dont le chiffre dérisoire, était encore souligné par les grosses fortunes des membres du Comité ?

Par le plus riche de tous ! Par un archi-millionnaire — à qui échappa, en l'occurrence, cette phrase véritablement inouïe et dont (je l'espère pour lui) il ne sentait pas l'odieux dans une bouche telle que la sienne :

« *Il faut lui donner juste de quoi vivre à ce ré-*

*dacteur. De cette façon, il ne pourra pas aller au café. »*

Je dois à la vérité d'ajouter que l'auteur de ce propos — dont je garantis la parfaite authenticité et que je rapporte, sans la moindre amertume, dans l'unique but de prévenir le retour d'aussi déplorables « impairs » — n'était pas un méchant homme. C'était même un catholique exemplaire, qui comprenait les devoirs qu'impose l'argent à ses détenteurs et prélevait annuellement, sur ses immenses revenus, quinze ou vingt mille francs pour les bonnes œuvres.

Mais il était aussi de ces conservateurs aveugles qui — détestant la presse et la tenant pour chose mauvaise en elle-même — ne soutenaient qu'à contre-cœur les bons journaux.

Un dernier mot :

Le bourgeois richissime, qui trouvait équitable de rémunérer par un salaire de famine la plus ingrate des besognes et jugeait assez payé, de 1500 francs par an, un dévouement de toutes les heures, a laissé en mourant une fortune évaluée à près de **trente millions ! !**

Le simple rapprochement de ces deux chiffres — **1500 francs et trente millions** — a toute la force d'un réquisitoire contre les conservateurs égoïstes et bien rentés, qui ont reculé devant les minimes sacrifices par lesquels aurait été assurée la prospérité de leurs journaux ; il projette des faisceaux d'aveuglante lumière sur les causes réelles de l'infériorité lamentable où se débat encore aujourd'hui la presse honnête.

Pour tout dire d'un mot, de tels chiffres expliquent — sans les justifier — les Cornély et les Mouthon....

. . . . . . . . . . . . . . . . . . . . . . .

Ainsi, pour avoir lésiné, on a négligé de s'attacher des hommes de valeur, qui pouvaient faire le succès d'un journal, ou de les retenir, quand on les avait sous la main, et compromis l'existence ou la prospérité des rares œuvres de la presse locale.

Je suis ainsi amené à conclure que — sur ce terrain encore — les catholiques et les libéraux se sont montrés bien inférieurs à leurs adversaires. De même qu'ils avaient longtemps négligé les grands journaux, ils se sont aperçus beaucoup trop tard des services que pouvaient leur rendre les petits.

## XII

### Les Conséquences

J'ai indiqué, au début de cette étude, quelles avaient été — pour notre malheureux pays — les conséquences néfastes de l'hostilité, de l'indifférence ou de la parcimonie dont les catholiques et les libéraux ont trop longtemps fait preuve à l'égard de la presse.

Mais on ne saurait trop le répéter, parce que cette vérité a la force et l'évidence d'un axiome :

Si la France, profondément religieuse et conservatrice qui — au lendemain de ses désastres — envoyait à l'Assemblée nationale une majorité aux trois quarts monarchiste et incontestablement chrétienne, est devenue la nation jacobine et anticléricale, tout au moins en apparence, qui a toléré les plus odieuses violations du droit, les plus monstrueux abus de la force, à l'encontre des Congrégations religieuses, et qui laissera s'effectuer, sans protester autrement que d'une façon platonique, cette Séparation des Eglises et de l'Etat, qui allumera la guerre civile jusque dans les hameaux les plus reculés — c'est à l'influence prépondérante, à l'action inlassable et acharnée de la mauvaise presse que nous le devons.

Il a été facile de suivre — pour ainsi dire au jour le jour — ce revirement des esprits, de saisir sur le vif cette transformation ou plutôt cette déformation lente mais sûre des idées ; cette évolution progressive des masses, allant d'abord à l'opportunisme, puis au radicalisme et se ruant aujourd'hui vers le socialisme révolutionnaire, l'Internationalisme et l'Humanitarisme — dernières étapes de la marche à l'Anarchie, c'est-à-dire à l'abîme.

Les élections de tout ordre ont été pour nous un moyen aisé de tâter le pouls à l'opinion ; le thermomètre servant à « prendre la température » du pays.

Or — abstraction faite de la victorieuse poussée d'opposition du 4 octobre 1885, si malheureusement annihilée d'ailleurs par le résultat des ballottages et qui tenait à des causes particulières, telles que les revers sanglants essuyés au Tonkin par la faute de nos gouvernants d'alors — toutes les consultations électorales, depuis 1881, ont

marqué un recul, chaque fois plus sensible, de
l'idée purement catholique ou simplement libérale.

Et si — après chacune de nos défaites — ceux
qui prétendaient à la direction du parti de la
conservation sociale et religieuse s'étaient inquiétés de rechercher les causes de nos échecs afin
d'en prévenir le retour, ils auraient constaté que
le terrain perdu de notre côté correspondait exactement au terrain gagné par la presse maçonnique et libre-penseuse.

Ils auraient compris que c'est en travaillant
l'opinion de longue main ; en remuant profondément — que l'on me passe cette comparaison fa-
milière — la « pâte électorale », et non en l'agi-
tant superficiellement par des campagnes de la
dernière heure, si brillantes et vigoureuses
soient-elles, qu'on la pétrit et la façonne à sa
guise.

Ils se seraient convaincus, en un mot, que ce
sont les journaux qui font les élections par un
travail de tous les jours — pareil à celui de la
goutte d'eau, qui tombe invariablement à la même place et finit ainsi par creuser le roc le plus
dur. Je pourrais citer d'innombrables exemples à
l'appui de mon affirmation.

Il me suffira d'en indiquer deux, qui sont devenus pour ainsi dire classiques en la matière et
d'un usage courant — tellement ils sont con-
cluants :

D'un travail de statistique fort intéressant et
d'une exactitude rigoureuse, publié naguère dans
les *Annales de la Patrie Française*, sous la signa-

ture de M. Jean Forcade, il résulte que ce sont les départements méridionaux — de beaucoup moins riches et moins peuplés que ceux du Nord, de l'Ouest ou de l'Est — qui fournissent à eux seuls la majorité blocarde de la Chambre, se chiffrant par une centaine de voix.

Or, il existe deux journaux à l'influence desquels cette majorité est due au moins pour les trois quarts.

L'un rayonne dans une partie du Sud-Est : c'est le *Progrès* de Lyon.

L'autre a pour champ d'action tout le Sud-Ouest : c'est la *Dépêche* de Toulouse.

Je ne crois pas m'avancer trop, en évaluant à une trentaine le nombre des députés que fait élire l'organe radical-socialiste de Lyon et à soixante au moins ceux qui doivent leur siège législatif à la feuille toulousaine.

C'est tellement vrai que l'on entend parler à chaque instant — pour peu que l'on s'occupe de « géographie électorale » — de la « région du *Progrès* » et de la « région de la *Dépêche* ».

La première comprend les départements du Rhône, de la Loire, de la Drôme, de l'Ain, de l'Isère, de la Savoie, de Saône-et-Loire et — pour certaines parties au moins — de l'Ardèche, de la Haute-Loire et de la Haute-Savoie.

Dans tous ces départements — exception faite pour quelques circonscriptions, que leur configuration accidentée et leur difficulté d'accès protègent encore un peu contre cette invasion malsaine — le *Progrès* est lu dans la proportion de cinq contre un, aussi bien à la campagne qu'à la ville.

Quant à la « région de la *Dépêche* », elle englobe plus de vingt départements : la Haute-Garonne, l'Aude, les Pyrénées-Orientales, l'Ariège, les Hautes et les Basses-Pyrénées, les Landes, le Gers, le Lot, le Lot-et-Garonne, le Tarn, le Tarn-et-Garonne, la Dordogne, la Gironde, l'Aveyron, l'Hérault, le Gard, la Lozère, le Cantal, la Creuse, la Corrèze, la Haute-Vienne.

J'ai voyagé deux années de suite dans ces contrées et j'ai fait cette constatation désespérante : la *Dépêche* est envoyée à tous les cafés ou hôtels sans exception et on la voit aux mains de huit lecteurs sur dix.

J'ai cessé de m'étonner, depuis lors, de l'importance énorme qu'on attribue à cette feuille, dans le monde parlementaire, et j'ai compris la terreur véritable qu'elle inspire aux cinquante ou soixante députés qu'elle mène pour ainsi dire « à la baguette ».

A ceux qui seraient tentés de croire que le tableau est un peu chargé, je rappellerai l'aventure de M. Honoré Leygue, député de Muret, dans la Haute-Garonne.

Membre de la Commission du budget et, comme tel, chargé du rapport sur le budget de la marine — cet « honorable » avait pu juger sur pièces de l'effroyable désorganisation apportée par le sinistre triumvirat Pelletan-Tissier-Vittone dans un des organes essentiels de la Défense nationale.

Quoique radical-socialiste, Honoré Leygue —

ancien élève de l'Ecole Polytechnique, d'où il était sorti comme officier d'artillerie — était resté patriote. Aussi, n'écoutant d'abord que les inspirations de sa conscience, il avait fait part de ses impressions à ses amis et annoncé que son rapport serait un réquisitoire écrasant pour le ministre dont M. Doumer avait dit, en pleine tribune, que son maintien à la tête de notre marine serait un « péril national ».

Mais — avant de s'installer au ministère de la rue Royale, pour y faire la jolie besogne que l'on sait — Pelletan était un des principaux rédacteurs, un des « leaders » de la *Dépêche*, à laquelle d'ailleurs il s'est empressé de reprendre sa collaboration, depuis que la chute du « petit père » lui a fait des loisirs.

C'est pourquoi la terrible *Dépêche* — informée des velléités d'indépendance du « vassal » auquel elle avait daigné accorder l'investiture dans l'arrondissement de Muret — signifia à son ex-protégé qu'il n'eût plus à compter sur son patronage et elle entama aussitôt une campagne en règle contre le téméraire qui s'était permis de porter une main sacrilège sur un des « Pontifes aimés du Pélican blanc ».

Placé entre son devoir et la certitude absolue de ne pas être réélu — Honoré Leygue, il faut le dire à sa louange, hésita quelque temps. Mais il finit par « mettre les pouces », comme on dit, et par se rendre — en chemise, pieds nus et la corde au cou — dans les bureaux de la *Dépêche*, pour y faire amende honorable.

En d'autres termes, il édulcora si bien son

rapport ; il enveloppa ses critiques de tant de miel que Pelletan les avala avec la même facilité qu'un « pernod ».

Veut-on maintenant une preuve que je n'ai rien exagéré non plus, en ce qui concerne l'influence jumelle du *Progrès* dans la région lyonnaise ?

Qu'on se reporte à moins de deux ans en arrière, c'est-à-dire à la mort de Madame Veuve Delaroche, qui avait pris la direction du *Progrès* après son mari.

Il se produisit — à l'occasion de ce décès — une démonstration tapageuse, une débauche de regrets plus ou moins sincères et hors de toute proportion avec la valeur réelle de cette femme, dont le principal mérite, après tout, avait consisté à battre monnaie et à se faire de grosses rentes avec son prétendu dévouement à la démocratie.

Ce fut — non pas seulement une pluie — mais une averse de dépêches de condoléances — émanant de toutes les notabilités du « Bloc » et de « l'Acacia ».

Les plus explicites et les plus significatifs de ces télégrammes furent ceux de l'ex-abbé Combes, président du Conseil, et du F.·. Brisson, alors président de la Chambre.

Etait-ce donc pour témoigner de leur sympathie personnelle envers la directrice du *Progrès* et de leur admiration pour ses vertus (?) que ces hauts personnages « y allaient » de leur coup d'encensoir et de goupillon maçonnique ?

Non pas ! Ils profitaient simplement de la circonstance pour faire, si je puis ainsi dire, un

« constat officiel » de l'omnipotence du *Progrès* et payer leur dette (sans préjudice de son émargement aux fonds secrets) à l'organe ultra-ministériel, qui fournissait à la secte dirigeante et à son fondé de pouvoirs du moment, le Défroqué Combes, un troupeau discipliné de trente ou quarante mamelucks !...

Qu'il me soit permis d'ajouter — avant de clore ce chapitre — que je me suis livré, auprès des colporteurs ou dépositaires de journaux de ma circonscription, à une enquête dont les résultats corroborent de façon absolue cet aphorisme, énoncé à diverses reprises au cours de cette étude : que la Presse fait l'opinion et, par suite, les élections.

J'ai pu savoir, en effet, la quantité exacte des feuilles de chaque nuance vendues journellement.

Or — en ville, où tout le monde lit peu ou prou son « quotidien » — le nombre des journaux catholiques, libéraux ou modérés écoulés chaque jour correspond, à quelques unités près, à celui des électeurs qui votent bien.

Pour l'ensemble de la circonscription, il n'y a pas identité de chiffres — car on trouve encore des paysans qui ne lisent qu'un organe hebdomadaire ou qui n'en lisent pas du tout. Mais — que l'on retienne bien ceci — **le rapport entre le total des bons journaux et celui des mauvais journaux distribués chaque jour dans la circonscription est rigoureusement le même que le rapport entre le nombre des voix obtenues par les candidats libéraux ou modérés et celui des voix obtenues**

**par les candidats sectaires.** C'est la proportion de 25 à 100 !...

*Et nunc erudimini.....* dirais-je pour conclure — s'il était permis, en un tel sujet, d'emprunter le langage solennel d'un Bossuet, sans verser dans le ridicule...

## XIII

### Que faire ?

Un médecin ne doit pas se borner à diagnostiquer le mal : il faut encore qu'il indique le remède.

De même, après avoir montré la situation lamentable où se trouvent les catholiques et les libéraux, par suite de la prépondérance qu'exerce la presse maçonnique et anticléricale, il me reste à faire connaître les moyens à l'aide desquels nous pourrions modifier cette situation à notre avantage :

— C'est bien simple ! me direz-vous. Il faut répandre la bonne presse et combattre la mauvaise, ainsi que nous le répètent chaque jour les écrivains ou les orateurs du parti libéral.

Eh oui ! en théorie, c'est très simple. Mais, dans la pratique, ce n'est pas aussi commode qu'on pourrait le supposer.

Non pas que les moyens à employer soient trop compliqués, trop onéreux ou d'une mise en application trop difficile.

Le plus malaisé — avec l'effrayante dépression des caractères et des tempéraments, par laquelle se distingue si malheureusement notre époque — c'est de faire comprendre aux catholiques, aux libéraux et en général à tous les hommes d'ordre, l'extrême urgence de l'œuvre de préservation et de salut à laquelle je les invite à concourir ; c'est de les amener à se servir des armes qui sont à leur portée, à user des moyens qu'on leur signale et dont l'emploi n'exige nul héroïsme, mais simplement un peu de bonne volonté.

Le scepticisme, le découragement, la veulerie — j'allais dire : l'avachissement général — ont pris des proportions telles que les « honnêtes gens » ont horreur de l'effort, si léger soit-il, et reculent devant le moindre dérangement. La plupart d'entre eux ne songent qu'à leurs plaisirs ou à leurs affaires personnelles et — sans nier que les choses aillent de mal en pis — ils refusent de consacrer une parcelle de leur temps ou de leurs ressources à l'intérêt général, sous prétexte qu'ils éprouvent une aversion insurmontable pour la politique.

Il semble que — tout en se rendant compte à merveille que la France court aux abîmes — ils se résignent d'un cœur léger à la catastrophe inévitable, en répétant avec insouciance : « Cela durera toujours autant que nous ! »

Louis XV disait aussi, en entendant gronder le tonnerre, précurseur de l'orage : « Après moi le déluge ! »

Le déluge vint, en effet, et ce fut le déluge sanglant de la Terreur — dans lequel furent engloutis le trône et la dynastie du monarque frivole, corrompu et inconscient, dont les lèvres avaient laissé tomber cette parole impie et criminelle.

Que les égoïstes, confits dans leur bien-être — auxquels je produis sans doute l'effet d'un « fâcheux » ou d'un oiseau de mauvais augure — veuillent bien méditer cette grande leçon !

L'Histoire — on l'a dit et on a pu le constater bien des fois — n'est qu'un perpétuel « recommencement. »

Le « déluge » — qu'ils croient encore éloigné et dont ils acceptent philosophiquement l'éventualité... pour la génération future — pourrait bien ne pas attendre l'heure que lui assignent leurs prévisions et les submerger à l'improviste..

Ceci dit — je ne veux pas jouer plus longtemps les Cassandre et, sans me répandre en déclamations plus ou moins prophétiques, je reviens à mes moutons. Je veux dire : aux moyens pratiques,

*a)* de soutenir et de propager la bonne presse ;

*b)* de combattre la mauvaise et de diminuer son influence.

Le premier et le plus sûr moyen de soutenir les bons journaux, c'est de s'y abonner ou de les acheter au numéro.

— Eh, parbleu ! me direz-vous, c'est une vérité de la Palisse que vous nous servez là !

A cela je répondrai qu'il n'est peut-être pas aussi inutile qu'on le suppose de proclamer cette évidence.

Je connais, en effet, de braves gens qui — les uns par habitude, les autres par insouciance, celui-ci par respect humain, celui-là parce qu'il suit un feuilleton intéressant, etc., etc. — ne lisent que des feuilles indifférentes — « ni chair, ni poisson » — quand elles ne sont pas franchement mauvaises.

Et comme les « braves gens » en question ne se piquent nullement de logique, ils ne se privent pas à l'occasion de gémir sur les ravages de la presse corruptrice et de s'écrier, en levant les bras au ciel : « Où allons-nous, bon Dieu ! où allons-nous ? »

Si invraisemblable que cela paraisse, la chose est cependant plus fréquente qu'on ne pense et je ne saurais trop insister auprès de mes lecteurs pour qu'ils s'abstiennent, de la façon la plus absolue, de prêter à nos ennemis une aide qui, pour être involontaire, n'en serait pas moins efficace.

Catholiques, libéraux ou modérés — nous ne devons lire et faire lire que des organes catholiques, libéraux ou modérés, à l'exclusion de tous autres.

Nous contribuerons ainsi puissamment à leur diffusion et nous leur permettrons d'élever leur tirage à un chiffre qui leur assurera une réelle influence et leur facilitera la conclusion de fructueux traités de publicité.

Car, au temps où nous sommes, il ne suffit pas aux journaux d'avoir des lecteurs en grand nombre.

Ainsi que je le faisais remarquer au début de cette étude — une feuille qui n'aurait d'autres recettes que le produit de sa vente ne « joindrait pas les deux bouts », à moins de compter un total d'abonnés directs qu'il est impossible d'atteindre aujourd'hui, en raison de la facilité des communications et de l'énorme développement du colportage qui en a été la conséquence.

Il nous faut donc augmenter — dans la mesure où nous le pouvons — les ressources de la presse amie :

En lui réservant notre publicité, si nous sommes nous-mêmes commerçants ou industriels ;

En engageant les personnes avec qui nous sommes en rapport et qui partagent nos idées à faire de même ;

En indiquant aux officiers ministériels les feuilles dans lesquelles nous désirons que soient faites les insertions légales, pour les affaires où nous pouvons être intéressés (ventes, purges d'hypothèques, constitution ou dissolution de société, etc., etc.)

Je le répète : avec les frais énormes qu'entraîne, à notre époque, un journal quotidien — une entreprise de presse ne peut vivre et prospérer qu'à la condition d'être abondamment pourvue d'annonces.

Avis donc à ceux de nos amis qui négligent ce point de vue et s'adressent trop facilement aux organes de la Franc-Maçonnerie, pour leurs réclames industrielles, commerciales ou financières et pour leurs annonces judiciaires !

Mais nous ne sommes pas quittes envers la bonne presse quand nous lui avons prêté notre appui pécuniaire. Nous devons la seconder aussi de notre action personnelle, de notre propagande incessante — en la recommandant à notre entourage, et en lui recrutant le plus possible de nouveaux lecteurs ou abonnés.

Ce n'est pas tout encore.

Après avoir assuré, chacun selon nos moyens, l'existence matérielle et la prospérité des feuilles catholiques ou libérales, nous devons nous préoccuper d'accroître leur influence, d'agrandir leur sphère de pénétration ; en un mot, d'en faire l'instrument tout-puissant, le levier à l'aide duquel on soulève l'opinion.

Or, il existe un moyen très simple, très pratique et à la portée de tous, — qui que nous soyons — de doubler sans effort, et du jour au lendemain, le nombre des lecteurs de bons journaux :

Que chacun de nous — au lieu d'oublier dans un coin, après l'avoir plus ou moins distraitement parcouru, l'organe catholique, libéral ou modéré auquel il est abonné — le rende à la circulation !

En d'autres termes, qu'il le passe, aussitôt après l'avoir lu, à un ouvrier, à un paysan, à un petit boutiquier, pour qui un journal quotidien est un luxe trop coûteux et qui sera enchanté d'en recevoir un « à l'œil ».

Mieux encore :

Quand la chose est possible — et ceci est affaire de tact, de savoir-faire, d'entregent — cherchons les bénéficiaires de notre petite libéralité parmi les clients des *Progrès*, des *Lanterne* ou des *Dépêche* de tout acabit.

Les uns seront bien aises de faire l'économie de leur sou quotidien et substitueront avec empressement la feuille que vous leur remettrez à celle dont ils faisaient leurs délices. Dès lors, vous pouvez être tranquilles sur leur compte :

par la force même des choses, ce sont des re-
crues assurées, à plus ou moins bref délai, à la
cause libérale.

D'autres — tout en acceptant votre politesse —
liront concurremment les deux journaux. Mais
ce sera déjà un résultat appréciable que de leur
avoir fourni l'antidote à côté du poison ; la vérité
en face de l'erreur.

Quelques-uns enfin — ceux qui se croient des
« esprits forts » et des « avancés » — refuseront
tout net pour commencer.

Eh bien ! ne nous laissons pas décourager par
les rebuffades. Aux irréductibles qui ne veulent
pas recevoir le journal de la main à la main,
adressons-le par la poste et — de guerre lasse,
la curiosité aidant — la plupart finiront par le
garder, par le lire et par en subir l'influence.

Encore une fois, j'indique là — sans préten-
dre avoir « découvert l'Amérique » — un moyen
extrêmement facile, et ne coûtant rien ou presque
rien, de doubler le nombre des lecteurs de bons
journaux et, par voie de conséquence, le chiffre
des électeurs votant bien — c'est-à-dire le moyen
de changer en peu de temps la face des choses
et les destinées du pays.

Est-ce trop demander aux libéraux de toutes
nuances de s'imposer chaque jour un dérangement insignifiant et, au pis aller, une dépense de
un ou deux centimes pour le magnifique résultat que je leur fais entrevoir ?

Si c'est un devoir pour tout bon citoyen de soutenir la bonne presse, de travailler à sa diffusion,
d'accroître sa prospérité et son influence — cette

obligation existe *a fortiori* pour les Comités régulièrement constitués. Je dirai même que la propagande par les journaux doit être — en tout temps et non pas seulement à l'approche des élections — le principal objectif des groupements catholiques, libéraux ou modérés et que leur action ne sera efficace que si elle est corroborée par celle de la presse locale et régionale.

Pour que cette propagande s'effectue de façon utile et vraiment féconde, divers moyens s'offrent au zèle et à l'ingéniosité des Comités.

Je vais les indiquer brièvement : 1° Le premier consiste naturellement à faire des distributions gratuites de journaux dans les villes ou agglomérations importantes et à servir des abonnements — au prorata du nombre des électeurs — dans les communes rurales où il est impossible d'organiser un service de distribution à domicile.

Il ne faut pas se le dissimuler : c'est là un procédé très onéreux.

La plupart des journaux, il est vrai, font bénéficier les Comités de réductions très sensibles sur leurs prix de vente au numéro ou sur leurs tarifs d'abonnement. (Car, grâce à Dieu, ils sont relativement peu nombreux les organes catholiques ou libéraux qui refusent de faire des sacrifices pour leur cause et déclarent qu'ils sont « une affaire avant d'être une œuvre »).

Il n'en reste pas moins que — si l'on voulait obtenir un résultat appréciable, c'est-à-dire une modification sensible de l'opinion par le moyen sus-indiqué — il faudrait dépenser des sommes fabuleuses.

Or, malheureusement, beaucoup de Comités ne sont pas riches. Ils « travaillent et prennent de la peine », comme disait le laboureur de La Fontaine, mais ce sont les fonds qui manquent le plus...

C'est pourquoi — sans insister davantage sur ce point — je demande simplement à nos amis des Comités de faire à cet égard ce qu'ils pourront — le plus qu'ils pourront sans épuiser leurs ressources et compromet're ainsi leur organisation.

2° Il est d'ailleurs possible d'assurer à moindres frais une abondante distribution de feuilles quotidiennes. Il suffit, pour cela, de traiter avec les administrations de journaux ou avec leurs dépositaires pour l'achat de ce qu'on nomme le « *bouillon* » — c'est-à-dire les numéros invendus.

Parmi ces administrations, les unes seraient bien aises de vendre leur « bouillon » sur place, même à vil prix, afin d'éviter les frais de transport assez élevés que leur occasionne le retour.

Les autres — qui abandonnent purement et simplement leurs « invendus » aux dépositaires — les remettraient volontiers aux Comités qui leur en feraient la demande, ainsi que plusieurs m'en ont donné l'assurance.

Dans l'un et l'autre cas, les Comités n'auraient qu'à prendre livraison, chez les marchands de journaux, du « bouillon » quotidien — une fois la vente journalière virtuellement terminée — et à s'occuper de la distribution, dont les frais seraient minimes. Car on trouverait aisément des gamins ou de pauvres diables sans emploi qui s'en chargeraient moyennant une légère rémunération.

Rien n'empêche, d'autre part, les Comités qui ont un secrétariat permanent d'envoyer par la poste un certain nombre de numéros — dont les bandes seraient tenues prêtes d'avance.

On m'objectera que les journaux ainsi répandus seront toujours de la veille et n'auront pas le même intérêt, pour ceux qui les recevront, que les feuilles du jour.

Evidemment ! Le système n'est pas parfait. Mais cela vaut encore mieux que de ne rien faire du tout.

Et puis, dans les campagnes, tout au moins, on trouve encore pas mal de gens ne lisant pas de journaux, ou qui se contentent d'une « gazette » hebdomadaire et pour qui les nouvelles de la veille seront encore fraîches.

Je ne saurais donc trop engager les Comités à tenter l expérience que je leur suggère — avec la ferme conviction qu'elle donnerait d'excellents résultats.

3° Enfin, à côté de ces « moyens directs » dont les Comités peuvent et doivent user pour soutenir la bonne presse — toutes les fois qu'ils le peuvent et dans la limite de leurs ressources — il y a ce que j'appellerai les « combinaisons mixtes », dont voici un exemple :

Dans certaines régions, les groupements locaux s'entendent avec les administrations de journaux pour organiser le colportage dans les communes rurales non comprises dans l'itinéraire des « tournées » déjà existantes.

Neuf fois sur·dix, le motif pour lequel telle ou telle « sphère » a été délaissée est que les vendeurs, tout en peinant beaucoup, n'arrivaient pas à y réaliser un salaire quotidien suffisant.

Le rôle des Comités, en cette occurrence, est précisément de compléter la journée du porteur de journaux, en versant une subvention mensuelle soit à l'administration elle-même, soit entre les mains de l'intéressé.

En s'adressant à des jeunes garçons de quatorze à seize ans — qui se contentent d'un salaire modeste — cette « combinaison » n'est pas très dispendieuse. Au surplus, il vient un moment où le colporteur — qui est intéressé tout le premier à augmenter sa vente — arrive à se suffire. De sorte que — moyennant une subvention variant de 15 à 25 francs et versée pendant quelques mois — on a créé une « tournée » permanente et organisé une distribution régulière de bons journaux dans un rayon où ils ne pénétraient qu'en petite quantité et par voie d'abonnements individuels.

On peut enfin — dans les localités trop éloignées pour être englobées dans l'itinéraire d'un vendeur ambulant — installer, de préférence chez des boutiquiers ou petits détaillants, un dépôt de toutes les feuilles catholiques ou libérales se publiant dans la région et dont le titulaire tirerait un petit bénéfice, sans être distrait en rien de ses occupations habituelles.

Tels sont les principaux moyens de soutenir et de propager la bonne presse qu'après mûr examen et expérience pratiquée dans une région particulièrement difficile à ce point de vue, je propose à tous les bons citoyens et aux Comités libéraux ou modérés.

Je ne prétends pas que chacun d'eux, pris isolément, fasse merveille. Mais je ne crois pas me faire illusion en affirmant que leur emploi simultané donnerait un essor inconnu jusqu'à ce jour à la presse d'opposition, accroîtrait son influence dans des proportions formidables ; nous donnerait, en un mot, le tout-puissant levier avec lequel nous soulèverions sur sa base et finirions par jeter à terre le bloc malfaisant que constituent les Juifs, les Francs-Maçons et les sectaires de tout acabit.

## XIV

### Comment devons-nous agir à l'égard de la mauvaise presse

Ce n'est pas tout de soutenir et de propager la bonne presse : il faut aussi combattre la mauvaise, chacun dans notre sphère et selon nos moyens.

Et d'abord, catholiques et libéraux — alors même qu'ils reçoivent un ou plusieurs journaux de leur opinion — doivent mettre rigoureusement à l'index les feuilles maçonniques, libres-penseuses ou simplement indifférentes. Car, en les achetant, ils fournissent des subsides aux pires ennemis de leurs croyances et leur mettent, pour ainsi dire, entre les mains des verges pour se faire fouetter.

Les prétextes plus ou moins spécieux qu'on

peut alléguer pour justifier une telle façon d'agir ne tiennent pas debout et les meilleurs ne valent rien.

Celui qu'on invoque le plus généralement est que — pour se faire une conviction — « il faut tout lire, afin de peser *le pour et le contre...* »

Rien de plus absurde et de plus dangereux qu'un tel raisonnement.

Neuf fois sur dix, en effet, ceux qui le tiennent sont incapables de distinguer une idée fausse d'une idée juste. Placés entre l'erreur et la vérité, ils ne savent pas choisir et un sophisme brillamment présenté a plus de chances de les séduire qu'une thèse étayée de solides arguments.

C'est triste à dire, mais un grand nombre de libéraux et de catholiques ou soi-disant tels sont atteints d'un « snobisme » spécial, qui les prédispose à une indulgence outrée pour leurs adversaires, n'ayant d'égale que l'excessive sévérité dont ils accablent ceux qui défendent leur propre cause. Tandis qu'ils passent les écrits ou les discours de leurs amis au crible d'une impitoyable critique — tout ce qui tombe de la bouche ou de la plume de leurs plus implacables persécuteurs les fait se pâmer d'admiration. Plus on les « éreinte », plus ils s'extasient : — « Oh ! ce Jaurès, tout de même ! Quel orateur incomparable !. Nous n'en avons pas un, à droite ou au centre, qui soit capable de lui « faire le poil ». — C'est pourtant vrai, ma chère !... Quel dommage qu'avec un si beau talent il soit socialiste ! — Il n'y a pas à dire ! Nos adversaires sont rudement forts !... Ce Clemenceau, par exemple ! Quel rude jouteur !... Et comme il « arrange » ses contradicteurs ! — M. Harduin aussi a bien de l'esprit ! Lisez-vous son « filet » quotidien dans le *Matin* ?... C'est d'un « parisianisme » exquis !.. »

Notez bien que, les trois quarts du temps, le dit Harduin est « bête à couper au couteau » et que les mêmes « snobs » dont sa prose est le régal feront la « petite bouche » en lisant un article de Drumont, de Léon Daudet, de Georges Thiébaud ou de Jules Delahaye !...

Il est facile de comprendre qu'une telle mentalité rend éminemment dangereuse, pour ceux qui en sont affligés, la lecture des journaux adverses.

De l'admiration béate pour les rhéteurs de la Sociale et les « primaires » de l'anticléricalisme à la complaisance pour leurs théories subversives ou leurs turlutaines pseudo-philosophiques, il n'y a qu'un pas. Et ce pas est beaucoup plus vite franchi qu'on ne le suppose.

Chaque jour, en effet, il vous arrive de rencontrer des gens « bien pensants » qui vous disent, d'un air profond et entendu : « *L'Humanité* — (l'*Aurore*, le *Siècle* ou le *Progrès*, suivant le cas) avait un bien remarquable article l'autre jour !... Ces gens-là n'ont sans doute pas raison en thèse générale et je suis loin de partager leur manière de voir sur tous les points. Mais il y a du vrai, dans ce qu'ils disent — beaucoup de vrai même !... »

Et c'est ainsi que, petit à petit, on se familiarise avec des sophismes qui, de prime abord, révoilaient le bon sens et qu'on finit par trouver acceptables les pires utopies.

Je m'adresse donc spécialement à ceux de nos amis catholiques ou libéraux qui lisent des feuilles hostiles à leurs croyances, sans avoir l'esprit critique et la culture générale qui leur permettraient de faire la part des choses et de discerner le vrai du faux.

Et je leur dis :

Ne lisez pas de mauvais journaux, sous le détestable prétexte qu'il faut tout connaître et que vous voulez apprécier vous-même le *pour* et le *contre*.

Rien ne vous assure, en effet, qu'après avoir lu un article attaquant un point quelconque de la doctrine qui est la vôtre ou de la morale que vous pratiquez, vous en trouverez la réfutation.

Vous aurez donc lu le *contre* sans pouvoir mettre le *pour* en balance.

Et ce *contre* restera présent à votre esprit — y laissant un germe qui se développera et finira, si vous n'y prenez garde, par vous corrompre l'esprit, vous dévoyer l'intelligence et par tuer vos convictions premières comme l'ivraie étouffe le bon grain.

On peut d'autant moins excuser les honnêtes gens qui achètent de mauvais journaux — sous le fallacieux prétexte de « se tenir au courant » — qu'ils peuvent s'éclairer de façon très complète avec les journaux de leur parti.

La presse catholique ou libérale a pour mission, en effet — non seulement de propager la vérité — mais aussi de combatre l'erreur. Elle est bien obligée, pour ce faire, d'exposer au moins dans leurs grandes lignes les théories ou les doctrines de nos adversaires, tant au point de vue social qu'au point de vue religieux. Et elle ne s'en fait pas faute.

Les « bonnes âmes » qui veulent tout connaître, afin de « peser le *pour* et le *contre* » seront donc très suffisamment renseignées par la lecture des organes de combat ou d'avant-garde — tels que la *Croix*, la *Libre Parole*, la *Liberté*, la *Vérité Française*, l'*Univers* etc. etc.

Et elles satisferont leur curiosité sans danger pour leurs convictions, parce qu'elles trouveront toujours la riposte à côté de l'attaque, la vérité en face de l'erreur.

Les feuilles anticléricales ne se bornent pas, d'ailleurs, à battre en brèche les idées et les croyances qui nous sont chères.

Fidèles observatrices de la consigne donnée par par leur ancêtre Voltaire et que le Grand-Orient a reprise à son compte — elles négligent bien souvent (et pour cause) les discussions de principes et les remplacent par les calomnies contre les personnes.

La presse indépendante a depuis longtemps dénoncé l'abominable complot tramé par la secte des Francs-Mouchards, dans le but avéré de discréditer la religion catholique en déshonorant ses ministres.

L'affaire du malheureux frère Flamidien, celle de l'abbé Santol et cent autres « scandales cléricaux » organisés de toutes pièces dans les officines maçonniques ne peuvent laisser aucun doute sur la réalité de cette monstrueuse entreprise de diffamation et d'assassinat moral.

C'est pourquoi — outre le péril auquel les honnêtes gens qui se font les clients bénévoles des mauvais journaux exposent leurs convictions — ils courent le risque de se laisser influencer par les imputations ignominieuses dont les feuilles anticléricales ne cessent de salir les membres du clergé.

Et ils en arrivent peu à peu — sinon à faire chorus avec les calomniateurs — du moins à perdre l'estime et le respect qu'ils doivent conserver à leurs prêtres ou à leurs religieux, et que ne sauraient amoindrir de rares défaillances individuelles.

Et que les catholiques assez imprudents pour introduire chez eux des *Lanterne*, des *Action*, des *Progrès* ou autres feuilles *ejusdem farinæ* ne viennent pas me dire :

« Le danger que vous signalez n'existe que dans votre imagination et — nouveau Don Quichotte — vous vous battez contre des moulins à vent ! Nous n'attachons pas autant d'importance que vous le supposez aux allégations de journaux que nous savons de parti pris et de mauvaise foi ! Un homme averti en vaut deux, vous ne l'ignorez pas ! C'est pourquoi les racontars plus ou moins scandaleux sur les curés ou les bonnes sœurs, les « chroniques noires », en un mot, n'ont aucune prise sur nous ! »

Vraiment ?

Eh bien ! oyez un peu cet exemple, qui est en contradiction formelle avec votre langage.

C'était un dimanche de l'année 189..., dans une ville que je ne désignerai pas autrement. Une douzaine de personnes — appartenant toutes à la catégorie dite « bien pensante » — se trouvaient réunies à la campagne, chez des amis, pour la traditionnelle partie de boules. Votre serviteur était du nombre — ce qui lui permet de certifier l'exactitude rigoureuse de ce qui va suivre.

Après un échange de propos dépourvus d'intérêt sur la pluie, le beau temps ou l'état des récoltes — la conversation tomba incidemment sur une « chronique noire » parue le jour même dans la feuille maçonnique de l'endroit et qui mettait en cause un ecclésiastique respectable entre tous par la hauteur de son caractère et l'éclat de sa vertu.

Certes, si quelqu'un devait rester à l'abri de la bave des calomniateurs, c'était bien ce digne prêtre, véritable saint, dont la vie toute entière était consacrée aux œuvres de charité et qui — après avoir employé sa fortune personnelle au soulagement des malheureux — vivait pauvrement de son modeste traitement d'aumônier.

Mais de telles considérations n'arrêtent pas les Fils de la Veuve, au contraire ! et leur organe local avait lâchement choisi le moment où une grave maladie retenait loin de son poste le prêtre irréprochable que la secte avait choisi comme victime, pour l'accuser d'être parti en « enlevant une religieuse ».

C'était à qui — dans notre petit cercle — manifesterait le plus haut son indignation contre cette imputation ignoble et stupide, qui n'avait pas même l'ombre de vraisemblance.

Pourtant — à la surprise générale — une voix s'éleva, doucereuse, qui disait d'un ton moitié figue, moitié raisin : « Eh ! eh ! on ne sait pas s'il n'y a pas quelque chose de vrai ! Il n'y a jamais de fumée sans feu ! Ces messieurs ne sont jamais assez prudents » *(sic)*.

Chose à peine croyable — c'était une dame qui tenait ce langage et, qui plus est, une dame ayant la réputation d'être pieuse et comptant des prêtres dans sa parenté !

Inutile d'ajouter que — le premier moment de stupéfaction passé — un concert de protestations véhémentes coupa la parole à cette chrétienne qui comprenait de si étrange manière ses devoirs envers la religion et ses ministres.

La pauvre dame n'y avait mis évidemment aucune méchanceté.

Elle avait lu le mauvais journal et elle se faisait sa complice inconsciente, voilà tout.

Ah ! il connaissait bien notre misérable nature humaine le Voltaire dont Musset a stigmatisé le « hideux sourire » lorsqu'il jetait ce mot d'ordre à ses disciples d'alors et de toujours :

« Mentez ! Mentez ! il en restera toujours quelque chose ! »

Si l'atroce calomnie du « torchon » maçonnique avait laissé de pareilles traces dans l'esprit d'une bonne catholique — jugez des ravages que de quotidiennes diffamations doivent exercer dans les cerveaux et dans les cœurs des personnes imbues de préjugés contre la religion ou qui nourrissent une hostilité préconçue à l'égard du clergé !

Un tel exemple — à l'appui duquel je pourrais citer des noms propres et des dates ou invoquer des témoignages — est assez concluant par lui-même et me dispense d'insister davantage sur le réel et très grave danger que présente la lecture des mauvais journaux — même pour les gens qui se disent ou se croient réfractaires à leur action démoralisante.

Encore une fois, je prie nos amis de prononcer un *index* rigoureux contre les organes de mensonge et de les proscrire de leurs foyers à l'égal des plus redoutables poisons.

Mais, les catholiques et les libéraux ont-ils fait tout leur devoir à l'encontre des mauvais journaux en s'abstenant de les acheter et de les lire ?

Tel n'est pas mon avis !

Il est nécessaire qu'ils prennent — à l'égard des feuilles maçonniques, anti-cléricales et libres-penseuses — des mesures corrélatives à celles que je préconise en faveur de la bonne presse.

Ainsi — de même que j'engage nos amis ou coreligionnaires politiques à réserver leurs annonces ou réclames aux organes de leur opinion — je leur conseille de ne faire, sous aucun prétexte, de la publicité dans les feuilles de leurs mortels adversaires.

Je sais d'avance la réponse que vont m'opposer certains commerçants ou industriels :

« **Business is business !** comme disent les An-
« glais et les Américains, ces peuples si admira-
« blement pratiques. *Les affaires sont les affai-*

« res ! Vous-même nous avez dit que des régions
« entières sont fermées aux journaux de notre
« parti et que seuls y pénètrent les organes radi-
« caux, socialistes ou anticléricaux. Si nous ne
« faisons pas insérer de réclames dans ces der-
« niers, comment ferons-nous connaître nos pro-
« duits aux populations qui les lisent, à l'exclu-
« sion de tous autres ?

« Nous dirons plus : même dans les pays où le
« public achète des journaux de toutes nuances
« — nous ne croyons pas qu'il soit avantageux
« de pratiquer l'ostracisme que vous nous con-
« seillez. La clientèle de nos adversaires en vaut
« une autre, et si d'aucuns prétendent que « l'ar-
« gent n'a pas d'odeur », nous disons, nous, qu'il
« n'a pas de couleur... politique ».

Sans méconnaître la valeur de cette objection,
j'estime qu'elle n'est pas décisive. Il existe, en
effet, d'autres moyens de publicité que les annonces dans les journaux. Les circulaires envoyées
à domicile et les prospectus distribués sur la voie
publique, par exemple, sont des procédés de vulgarisation pour le moins aussi efficaces et pas
plus onéreux que les « boniments » qui garnis-
sent la 3e et la 4e page des périodiques et dont M.
Gogo lui-même commence à se méfier, parce
qu'ils dépassent trop souvent la mesure permise
en fait d'exagération ou de charlatanisme.

Les commerçants et les industriels catholiques
ou libéraux ne peuvent donc alléguer aucun motif valable de favoriser la mauvaise presse de
leurs annonces et de lui *procurer ainsi des ressources.*

Car — ceci est un point de vue à considérer — il y a là pour nos amis, un véritable cas de conscience.

Dût-on me taxer de rigorisme, j'estime que ceux-là sont responsable jusqu'à un certain point du mal que font les feuilles maçonniques et anticléricales, qui leur versent indirectement des subsides et facilitent ainsi leur développement.

Libre à eux de se figurer le contraire et de penser qu'il existe des « cloisons étanches » entre les affaires et la morale, politique ou privée.

Quant à moi, du moins, j'aurai fait mon devoir en les avertissant.

Je dirai enfin — pour clôturer ce chapitre déjà long — que l'obligation, incombant à tout catholique éclairé, de recommander et de propager la bonne presse a pour corollaire l'obligation morale de combattre la mauvaise et de travailler à amoindrir son influence par la parole, par la plume, par l'action personnelle — en un mot, par tous les moyens en notre pouvoir.

Un simple mot glissé dans une conversation est quelquefois suffisant pour crever — tel un coup d'épingle opportun — le ballon gonflé de mensonges, lancé par le « canard » maçonnique local et pour détourner de celui-ci plus d'un lecteur de bonne foi.

Il est indispensable aussi que tout bon citoyen sachant tenir une plume s'en serve à l'occasion.

Mais que l'on me comprenne bien ! Je n'entends pas dire par là que les simples particuliers doivent se substituer aux journalistes professionnels — dont c'est la mission de soutenir des polémiques avec la mauvaise presse et de réfuter ses erreurs.

Mais — en ce qui concerne les faits matériels, surtout — les rédacteurs attitrés des organes libéraux ne peuvent pas tout savoir, pas plus qu'ils ne peuvent tout faire.

Il arrive plus d'une fois qu'ils sont obligés de laisser sans réponse les calomnies ou les diffamations des *Lanterne*, *Progrès*, *Dépêche* et *tutti quanti*, parce que les gens qui seraient en mesure de les renseigner sûrement négligent de le faire, soit par indifférence, soit par veulerie, soit par crainte de se compromettre.

Bien mieux — et j'appelle tout spécialement sur ce point l'attention des membres du clergé — ils sont nombreux, hélas ! les honnêtes gens, prêtres ou laïcs, qui — vilipendés et traînés dans la boue par quelque « torchon » maçonnique — n'osent pas se défendre parce qu'ils redoutent un plus grand scandale ou qu'ils ont « horreur du bruit », et qui subissent, avec une passivité déconcertante, les plus grossières injures et les pires calomnies.

Eh bien ! je tiens à le dire très haut :

La tactique du silence est déplorable, en l'espèce : car, elle a pour résultat inévitable de doubler l'audace des « plumitifs » de ruisseau, en les rendant à peu près certains de l'impunité, et elle n'a pas peu contribué au développement de la campagne de diffamation, savamment organisée contre les ministres de la religion catholique.

J'en supplie donc avec instance tous ceux que les organes maçonniques attaquent sans rime, ni raison : qu'ils n'hésitent pas à user des armes que la Loi sur la Presse met à leur disposition — et notamment du droit de réponse dans le journal calomniateur lui-même.!

Neuf fois sur dix, cela suffit pour arrêter net « l'offensive » des professionnels de l'insulte et l'effet produit sur l'opinion est considérable.

Que s'il y a matière à procès, devant les tribunaux civils ou correctionnels — il ne faut pas « rater » l'occasion de pratiquer une « saignée » à la caisse du journal diffamateur — ainsi que vient de le faire un courageux vicaire de ma région, sur la plainte duquel l'organe de la loge du cru a subi une condamnation dont la sévérité lui ôtera l'envie de recommencer de si tôt à « manger du curé. »

Ce sont là des exemples salutaires — que les catholiques, et spécialement les membres du clergé, auraient pu et auraient dû multiplier sans se lasser.

S'ils n'avaient pas été si timorés — disons le mot : si pusillanimes — il y a beau temps qu'on laisserait les « ratichons » tranquilles et que les amendes ou les dommages-intérêts nous auraient débarrassés de quelques centaines de feuilles à « scandales cléricaux » et à « chroniques noires ».

XV

### Conclusion

Me voici arrivé au terme de cette étude, que j'avais entreprise avec l'unique souci de faire quelque bien à notre cause, en ouvrant les yeux aux catholiques et aux libéraux qui — malgré l'expérience de tous les jours et la douloureuse leçon de choses qu'a été l'exécrable affaire Dreyfus et qui s'est traduite par le « chambardement » de la France chrétienne — s'obstinent encore à méconnaître l'importance capitale de la Presse et à nier son action déterminante sur les événements contemporains.

Je n'ai certes pas la prétention d'avoir traité à fond un aussi vaste sujet.

Ainsi que j'avais pris soin d'en avertir mes lecteurs en commençant, j'ai délibérément omis les considérations purement spéculatives auxquelles se seraient peut-être intéressés quelques esprits philosophiques, mais qui auraient paru oiseuses dans une brochure de propagande et auraient laissé la masse indifférente.

Je me suis, au contraire, cantonné le plus possible sur le terrain pratique — en indiquant les moyens de réparer le mal, aux racines profondes, causé par les feuilles à la solde d'Israël et de la Franc-Maçonnerie, comme aussi d'organiser la bonne Presse en une puissance capable de briser le redoutable instrument de domination que les ennemis de la Religion et de la Liberté ont eu l'intelligence et l'habileté de se forger — alors que les trois quarts de nos bons « conservateurs » en étaient encore à regarder avec méfiance l'outil de la pensée moderne, le **grand levier** avec lequel on soulève l'opinion.

Pour arriver au but que je m'étais proposé, je n'ai pas hésité à dénoncer les fautes et les erreurs commises ; je n'ai ménagé à ceux de notre parti ni les conseils, ni les critiques. Je l'ai fait sans passion et sans acrimonie, ayant pour seul mobile l'intérêt du pays et le désir que les errements dont nous subissons les désastreuses conséquences ne se renouvellent plus à l'avenir.

Mais il ne fait pas toujours bon dire la vérité — surtout à ses amis.

C'est pourquoi, ma franchise parfois brutale et taillant dans le vif, comme le scalpel du chirurgien, a soulevé d'assez vives colères et m'a valu quelques inimitiés. (1)

Ayant reçu, dans ma carrière d'écrivain, plus d'horions que de bouquets de fleurs et de couronnes civiques — je supporterai allègrement le poids des rancunes de ceux que mes trop justes reproches ont touchés au vif, si mon initiative ne doit pas rester stérile et si les vérités que j'ai tâché de faire pénétrer dans les cerveaux germent en abondante moisson.

Ce n'est pas que je m'abuse sur la portée de ce modeste effort et sur les effets qu'il faudrait en attendre s'il demeurait isolé.

Mais, j'ai conscience de n'avoir été qu'un tirailleur d'avant-garde — *éclairant* la cohorte, chaque jour plus nombreuse, des bons Français et des bonnes Françaises qui luttent sur le terrain de la presse, et participant à leur action collective.

----

(1) Ce travail a paru tout d'abord, sous forme d'articles, dans un journal de province ; et certains passages ont donné lieu à de violentes polémiques dans la presse régionale.

Je le constate, en effet, avec une satisfaction aussi profonde que légitime : les avertissements et les objurgations pressantes des écrivains patriotes et clairvoyants — en ce qui concerne la formidable puissance des journaux pour le bien ou pour le mal — commencent à porter leurs fruits. De toutes parts, les yeux se dessillent, des groupements s'organisent et des œuvres se fondent pour répandre la bonne presse, lutter contre la mauvaise, arracher à nos adversaires la prépondérance qu'ils se sont acquise et jeter bas la citadelle où ils se sont retranchés si fortement.

Il me faut signaler, en première ligne, l'*l'Œuvre de la Presse pour tous*, fondée par Mme Taine, la veuve de l'illustre historien, qui vient de mourir elle-même à Menthon-St-Bernard.

Cette œuvre, à laquelle M. Georges Maze-Sencier a consacré un article des plus élogieux dans le bulletin-journal de l'*Action libérale populaire*, et que M. Jules Delafosse, l'éminent député du Calvados, a qualifiée de « **croisade libératrice** », a pour but de « combattre, sans arrière-pensée et sans plate-forme politique, la presse immorale, athée et révolutionnaire, par tous les moyens ».

Le Comité central est à Paris et rayonne sur la France entière, au moyen de comités régionaux, auxquels il rend tous les services en son pouvoir, sous forme de subventions, d'abonnements collectifs ou individuels et de renseignements.

Les résultats obtenus sont déjà considérables, puisque — en juin 1904 — on estimait à 17.000 le nombre des journaux déjà lus régulièrement envoyés et à 3000 le nombre des abonnements de propagande. Depuis cette époque, ces chiffres ont considérablement augmenté. Le nombre des adhérents s'accroît sans cesse et dépasse aujourd'hui 40.000.

Je me fais également un plaisir de proposer à l'imitation des organes de l'opposition libérale l'excellent exemple que leur donne la *Libre Parole*, en organisant — au moyen de souscriptions volontaires qu'elle sollicite de ses lecteurs ou abonnés — une œuvre des abonnements gratuits, qui a été accueillie avec reconnaissance par les bénéficiaires et qui est de nature à produire les plus heureux résultats.

Mais nous ne serions pas la nation des entrailles de laquelle a surgi une Jeanne d'Arc, si les femmes ne contribuaient pas, de façon toute spéciale, à l'œuvre de relèvement et de salut.

C'est pourquoi je dois une mention particulièrement élogieuse à l'œuvre du *Sou de la Presse*, créée tout dernièrement par la *Ligue patriotique des Françaises*.

Cette admirable association s'occupe avec une telle activité de la propagande des bons journaux que, *par son seul bureau de Paris*, elle en fait envoyer tous les mois plus de 50.000, soit par abonnement, soit en seconde lecture. Par son intermédiaire, un seul journal anti-sectaire a pu ainsi gagner plus de 60.000 lecteurs, et cependant cette œuvre ne compte que quelques mois d'existence.

Il faut remarquer, en outre, que les Comités des départements agissent directement et envoient eux-mêmes un grand nombre de journaux.

dont le total important n'est pas compris dans les chiffres énoncés plus haut.

N'est-ce pas réconfortant et de tels dévouements ne sont-ils pas de nature à faire oublier les coupables négligences du passé et à faire naître les plus belles espérances pour l'avenir ?

Toutefois — après avoir enregistré avec le plus vif contentement les magnifiques résultats acquis — je répète que cela n'est pas suffisant et que — pour une tâche aussi vaste, aussi capitale que celle de la diffusion de la presse nationale et anti-sectaire — ce n'est pas trop du concours de toutes les initiatives et surtout (osons le dire) de toutes les générosités !

C'est pourquoi tout citoyen, tout Français, tout honnête homme qui souffre aujourd'hui dans ses croyances et dans son patriotisme a pour devoir absolu de participer à la « croisade libératrice », dont je parlais tout-à-l'heure et de faire tous les sacrifices que comporte la situation.

Il doit toujours avoir présente à la mémoire et prendre à son compte la parole inoubliable du juif Crémieux, que je citais au début de cette étude et qu'il ne sera pas inutile de reprendre en guise de conclusion :

« **Tenez les honneurs pour rien, les places pour rien, l'argent pour rien ; mais emparez-vous de la Presse, car avec la Presse, vous aurez tout le reste** ».

Le jour où l'innombrable armée des libéraux et des patriotes aura compris l'intense vérité de cette parole et en aura fait sa devise, la puissance de la secte maçonnique ne sera plus qu'un mauvais souvenir.

La France — aujourd'hui aveulie et démoralisée à l'intérieur ; humiliée et menacée à l'extérieur — remontera au niveau d'où l'ont fait descendre les corrupteurs de l'esprit public ; elle reprendra sa place traditionnelle à la tête des nations et poursuivra le cours interrompu de ses glorieuses destinées.

Fin

# TABLE DES MATIÈRES

Privas. — Imprimerie Ardéchoise, J. GALLAND